STEPHANE COLLARO

présente

Recettes en toque

108 recettes
proposées par les plus grands chefs français

Documentation de
Daniel Gérard

Illustrations de
Frédéric Astier

Edition·1

© Edition n° 1, 1981.

« C'est facile, c'est pas cher, ça peut vous rendre gros... »

Telle est la fière devise de ces *Recettes en Toque* qui vous permettront d'épater vos amis quel que soit le niveau de vos connaissances culinaires, si vous suivez, à la lettre, les instructions des « grands chefs » qui apportent leur talent et leur imagination à ce livre.
Le principe est tout simple : des recettes, d'un coût raisonnable, pouvant être réalisées par un débutant et marquées néanmoins par le « coup de patte », l'originalité, de ces véritables artistes que sont nos cuisiniers. C'est le cas de toutes ces recettes !
Je peux en témoigner : avant de lire ce livre, j'étais incapable de faire un œuf sur le plat. Maintenant, je n'y arrive toujours pas... mais c'est normal la recette n'est pas dans le bouquin ! Alors à vous de jouer, et vos amis, vous pourrez même les épater deux fois. Poêles au bras !

Stéphane Collaro

SOMMAIRE

ENTRÉES	**11**
CRUSTACÉS ET COQUILLAGES	**43**
POISSONS	**63**
VIANDES ET VOLAILLES	**111**
PATES, FROMAGES, DESSERTS	**167**
LEXIQUE	**182**
INDEX DES RESTAURANTS	**184**
INDEX DES CHEFS	**186**

Ces « Recettes en toque » ont été gracieusement offertes à Stéphane Collaro par tous les chefs qui ont participé, entre le 14 Octobre 1980 et la date d'impression du livre, à son émission d'Europe 1.

*Les proportions
mentionnées pour préparer ces recettes
ont été prévues pour 4 personnes*

ENTRÉES

Potage de coquilles Saint-Jacques et de crabe 12
Brouillade aux pointes vertes 14
Œufs couille d'âne 15
Omelette aux endives 16
Omelette aux pibales 17
Soufflé au fromage aux œufs pochés 18
La crêpage 19
Crêpe vonassienne de la Mère Blanc 20
Soupe à l'ail 22
Salade de petits navets nouveaux 23
Salade amoureuse 24
Salade de fraise et de langue de veau kumquat 26
Salade de langue aux pâtes fraîches 28
Ratatouille 30
Flan de foies de volaille 31
Terrine de campagne 32
Terrine de foies de volaille 33
Terrine de Body 34
Terrine de tête de veau 36
Terrine de légumes 38
Terrine de poivrons doux à l'huile d'olive 40

POTAGE DE COQUILLES SAINT-JACQUES ET DE CRABE

Le chef : Robert Vifian

Ingrédients

— 75 cl de bouillon de poisson (ou consommé de poulet)
— 8 noix de coquilles Saint-Jacques
— 30 g de chair de crabe
— 15 g de vermicelle chinois transparent
— 15 g de champignons noirs séchés
— 1/2 courgette moyenne
— 2 cuillères à soupe de « nuöc-mâm »
— 8 feuilles de basilic
— 2 échalotes
— 1 cuillère à soupe d'huile d'arachide

*Simple mais exotique, ce potage est divin
Vifian est asiatique, mais a le goût du vin.*

Préparation

- Émincer les noix de Saint-Jacques en escalopes de 3 mm d'épaisseur
- Couper la courgette d'abord en rondelles de 5 mm d'épaisseur, puis chaque rondelle en bâtonnets de 5 mm de large.
- Laver et faire tremper les champignons noirs.
- Émincer l'échalote très finement.
- Faire revenir les échalotes dans l'huile et ajouter les Saint-Jacques émincées.
- Saler avec le « nuôc-mâm ».
- Après 30 s ajouter les bâtonnets de courgettes et le bouillon.

- Porter à ébullition et laisser cuire 1 mn, ajouter le vermicelle et les champignons noirs essorés.
- Mettre la chair de crabe, donner un bouillon.

Servir en parsemant de basilic haché.
On peut corser le potage en y ajoutant quelques gouttes de tabasco.

« TAN DINH »
60, rue de Verneuil
75007 PARIS
Tél.(1) 544 04 84

BROUILLADE AUX POINTES VERTES

Le chef : Marc Daniel

> **Ingrédients**

— 8 œufs
— 16 belles asperges de Lauris
— 1 grosse cuillère à soupe de crème fraîche
— 1 tranche de saumon fumé
— sel, poivre

> **Préparation**

☐ Cuire les asperges à l'eau salée, garder la partie verte la plus tendre sans filaments.

☐ Casser les œufs, les saler, les poivrer, les cuire dans une sauteuse, à feu doux, avec 25 g de beurre, en les remuant avec une spatule de bois très doucement. La consistance doit être crèmeuse.

☐ Ajouter la crème fraîche, bien mélanger de nouveau et ajouter le saumon fumé coupé en petits dés très fins.

Pour servir, on pose les asperges au milieu de l'assiette et on nappe avec la brouillade en laissant légèrement dépasser la pointe des asperges.

*Espèce de grande asperge,
Fais pas l'œuf sinon on va se brouiller.*

« LASSERRE »
17, av. Franklin Roosevelt
75008 PARIS
Tél.(1) 359 53 43

ŒUFS COUILLE D'ÂNE

Le chef : Jean Thibault

Ingrédients

— *8 œufs bien frais*
— *1 l de vin rouge corsé (côtes du Rhône)*
— *200 g de champignons de Paris*
— *150 g de poitrine demi-sel en lardons*
— *1 gousse d'ail écrasée*
— *bouquet garni*
— *50 g de beurre*
— *1 cuillère à soupe de farine*
— *poivre*

Préparation

☐ Faire bouillir le vin pendant 20 mn avec la gousse d'ail écrasée, le bouquet garni, *ne pas saler*.

☐ Casser les œufs un à un délicatement dans le vin. Baisser le feu et faire pocher 3 mn.

☐ Aussitôt après, égoutter chaque œuf sur un torchon.

☐ Par ailleurs, faire revenir les champignons de Paris et les lardons dans une poêle, poivrer. Quand ils sont bien revenus, égoutter la graisse.

☐ Ajouter le tout au vin rouge et laisser frémir 10 mn.

☐ Faire un beurre manié : dans un petit récipient, mettre 1 cuillère de farine + 50 g de beurre ramolli et mélanger le tout. Quand c'est bien onctueux, ajouter le vin, en tournant avec une spatule. Quand le tout est bien lié, couvrir les œufs de cette préparation.

Servir avec des croûtons.

Si vous avez des œufs d'autruche,
Remplacez « âne » par « éléphant ».

« LE POUILLY REUILLY »
68, rue André Joineau
93310 PRÉ-SAINT-GERVAIS
Tél.(1) 845 14 59

OMELETTE AUX ENDIVES

Le chef : Jean Delaveyne

Ingrédients

— 8 gros œufs
— 750 g d'endives
— 150 g de beurre
— 1 cuillère à soupe d'huile
— 1 cuillère à café de sucre
— 1 gousse d'ail
— sel, poivre

Préparation

☐ Nettoyer les endives, bien les essuyer et les couper en fines rondelles.
☐ Frotter une cocotte en fonte avec la gousse d'ail.
☐ Mettre 100 g de beurre à fondre dans la cocotte, ajouter les endives, sel, poivre, la cuillère de sucre. Bien mélanger et faire cuire à petit feu 20 à 25 mn jusqu'à ce que les endives soient fondues, et sans couvrir la cocotte complètement.
☐ Battez doucement les œufs en omelette, saler et poivrer.

☐ Dans une poêle, mettre une petite cuillère d'huile, faire chauffer doucement, mettre les œufs. Dès que l'omelette prend, ajouter les endives.
☐ Rouler l'omelette en retournant un bord, puis l'autre.

Retourner dans un plat et napper de beurre noisette.

Une omelette dit un jour à un œuf:
« Te casses pas j'en ai déjà assez bavé. »

« LE CAMELIA »
7, Quai G. Clémenceau
78380 BOUGIVAL
Tél.(3) 969 03 02

OMELETTE AUX PIBALES

Le chef : Michel Oliver

Ingrédients

Pour une personne
— 3 œufs
— 50 g de pibales ou civelles vivantes
— 4 cuillères à soupe d'huile d'olive
— 1 gousse d'ail non épluchée
— paprika
— sel, poivre

Préparation

☐ Mettre l'huile dans une poêle chaude, ajouter l'ail et laisser colorer à feu fort.
☐ Mettre les pibales dans la poêle, les faire saisir en la tournant.
☐ Retirer les pibales et l'ail.
☐ Tenir au chaud uniquement les pibales.

☐ Confectionner l'omelette dans la même poêle avec la même huile.
☐ À mi-cuisson, ajouter la moitié des pibales.
☐ Rouler l'omelette, la mettre dans le plat de service et verser le reste des pibales.

Servir aussitôt

Les pibales ou civelles sont de petites anguilles
La légende raconte qu'elles ont perdu la boule
Les enfants les attrapent au lieu de jouer aux billes
Elles vont dans nos assiettes et sous la langue, elles roulent.

```
« LE BISTROT DE PARIS »
     33, rue de Lille
      75007 PARIS
    Tél.(1) 261 15 84
```

SOUFFLÉ AU FROMAGE AUX ŒUFS POCHÉS

Les chefs : Paul et Marc Haeberlin

Ingrédients

— 1/4 de l de lait
— 50 g de farine
— 50 g de beurre ramolli
— 10 œufs très frais
— 100 g de gruyère râpé
— 1 filet de vinaigre

Préparation

☐ Mélanger le lait avec la farine, le beurre, 5 jaunes d'œufs, le gruyère râpé et ajouter doucement 6 blancs d'œufs battus en neige.

☐ Verser la moitié de ce mélange dans un moule à soufflé préalablement beurré et mettre au four 10 mn (thermostat (5/6, 160°).

☐ Pendant la cuisson faire pocher 4 œufs, de la façon suivante : mettre l'œuf dans une petite tasse et le vider doucement dans de l'eau bouillante non salée mais à laquelle on aura ajouté un filet de vinaigre, laisser pocher 4 mn puis plonger les œufs dans de l'eau fraîche.

☐ Disposer les œufs pochés sur le soufflé sorti du four, ajouter le reste de la préparation et remettre au four pour 10 mn (thermostat 5/6, 160°).

Servir aussitôt.

Pour réussir les œufs pochés il faut être un délicat
Pour réussir les yeux pochés il faut être indélicat.

« AUBERGE DE L'ILL »
ILLHAEUSERN
68150 RIBEAUVILLE
Tél.(89) 71 83 23

LA CRÊPAGE

Les chefs : Jean et Pierre Troisgros

Ingrédients

Pâte à crêpe :
— *50 g de farine*
— *1 œuf*
— *1/2 verre de lait*
— *15 g de beurre fondu*
— *1 pointe de sel*

Crêpage :
— *3 cuillères à soupe de crème (double)*
— *5 tranches de jambon*
— *5 g de gruyère râpé*

Préparation

☐ Graisser la poêle au moyen d'un pinceau enduit de beurre et faire 5 à 10 crêpes.
☐ Dans un moule cylindrique de la dimension des crêpes, empiler 1 crêpe, 1 tranche de jambon, 1 cuillère de crème double, 1 crêpe, 1 tranche de jambon, etc…
☐ Mettre le moule au four 15 mn, (thermostat 6, 180°).
☐ Après cuisson, démouler, mettre dans un plat à gratin de service, recouvrir de gruyère râpé et faire gratiner sous le gril du four quelques minutes.

Pour servir, couper en tranches comme un gâteau.

Une crêpage de Roanne est bien meilleure
Qu'un crêpage de Chinon.

« HÔTELLERIE
DES FRÈRES TROISGROS »
Place de la Gare
42300 ROANNE
Tél.(77) 71 66 97

CRÊPE VONASSIENNE DE LA MÈRE BLANC

Le chef : Georges Blanc

Ingrédients

— 500 g de pommes de terre Bintje
— 1 tasse de lait
— 4 cuillères à soupe de farine
— 7 œufs (3 entiers et 4 blancs)
— 20 cl de crème (double)
— 250 g de beurre fondu
— Sel ou sucre

Préparation

Pâte à crêpes
☐ Faire cuire dans l'eau bouillante les pommes de terre épluchées, puis en faire une purée mouillée avec la tasse de lait sans saler. Laisser refroidir (une nuit).
☐ Dans un saladier, mettre la purée, y incorporer 4 cuillères à soupe de farine, en mélangeant doucement.
☐ Ajouter 3 œufs entiers, remuer doucement et ajouter les blancs de 4 œufs, remuer toujours doucement.
☐ Détendre avec 4 cuillères à soupe de crème double, jusqu'à obtenir une pâte onctueuse.

Crêpes
☐ Faire chauffer à feu très vif, une poêle bien plate, avec suffisamment de beurre fondu. Verser 3 à 4 cuillères à soupe de pâte, faire cuire très peu de temps et retourner presque immédiatement. (On peut faire 5 ou 6 crêpes à chaque opération avec le même beurre).

Disposer les crêpes sur un plat. Vous pouvez ensuite saler ou sucrer suivant le goût.

Beurre fondu
C'est du beure cuit très longtemps à basse température, jusqu'à ce qu'il soit clair.
On le passe ensuite au chinois et on le verse dans un pot en grès. Le beurre fondu peut se conserver très longtemps.

« LA MÈRE BLANC »
01540 VONNAS
Tél.(74) 50 00 10

Sucrer, oui
Saler, oui
Mais pas les deux à la fois !

SOUPE A L'AIL

Le chef : Raymond Oliver

Ingrédients

— 1 grosse tête d'ail
— 1 l 1/4 d'eau
— 200 g de vermicelle (cheveux d'ange)
— 4 œufs moyens
— 2 cuillères à soupe d'huile
— 25 g de beurre
— vinaigre
— sel, poivre

Préparation

☐ Faire rissoler l'ail épluché et haché grossièrement dans l'huile et le beurre, ajouter l'eau, saler et poivrer généreusement.
☐ Laisser bouillir à gros bouillons 15 mn.

☐ Séparer le blanc des jaunes des œufs.
☐ Mélanger les jaunes avec le vinaigre, à quantité égale dans un peu de bouillon.
☐ Faire chauffer le bouillon, ajouter le vermicelle, laisser cuire 5 mn. Ajouter le blanc des œufs sans mélanger (il doit se coaguler en forme de nuage).
☐ Ajouter les jaunes et le vinaigre.

Mélanger hors du feu. Servir aussitôt

Cette recette vient du Languedoc
Son vrai nom : « tourin blanchi »
Croyez-moi, ce n'est pas du toc
Bravo Oliver et merci.

« LE GRAND VEFOUR »
17, rue du Beaujolais
75001 PARIS
Tél.(1) 296 56 27

SALADE DE PETITS NAVETS NOUVEAUX

Le chef : Gérard Vie

Ingrédients

— 1 kg de petits navets nouveaux
— estragon, ciboulette, cerfeuil
— un restant de bouillon de poule ou de bœuf ou 1 bouillon cube
— 2 cuillères à soupe d'huile d'olive
— 1/2 cuillère à soupe de vinaigre de vin ou de xérès

Préparation

- Éplucher les navets, les couper pas plus gros que des petites olives.
- Les blanchir 2 mn à l'eau bouillante.
- Les égoutter.

- Les cuire dans le bouillon de poule, de bœuf ou le bouillon cube 10 à 15 mn.
- Les égoutter sans les refroidir.
- Les parsemer de toutes les fines herbes grossièrement hachées.
- Ajouter l'huile d'olive et le vinaigre

On peut ajouter des fines lamelles de haddock fumé, ou de foies de volailles poêlés (il faut que le foie reste saignant), ou des lamelles de foie gras.

Servez-nous les navets, Maria.

« LES TROIS MARCHES »
3, rue Colbert
78000 VERSAILLES
Tél.(3) 950 13 21

SALADE AMOUREUSE

Le chef : Michel Peignaud

Ingrédients

— 2 gros oignons, 2 têtes d'ail nouveau
— 2 poivrons verts, 2 poivrons rouges
— 1 échalote
— 1 citron vert
— basilic, cerfeuil (peu)
— 2 cuillères à soupe d'huile d'olive
— 1 cuillère à café de moutarde
— 2 blancs de seiche
— 1 vinaigrette : citron, huile d'olive, moutarde, 1 petit piment frais
— sel, poivre

Préparation

Si c'est possible, faire la salade la veille, elle aura le temps de bien macérer.

☐ Mettre 15 mn dans un four très chaud l'oignon, l'ail et les poivrons, non pelés.
☐ Évider l'oignon et la tête d'ail, peler les poivrons et ôter les pépins.

□ Faire cuire les blancs de seiche dans de l'eau salée 30 mn. Une fois cuits, bien égoutter.
□ Couper en fines lamelles les blancs de seiche, les oignons, l'ail et les poivrons et mettre dans un saladier.

□ Hacher les herbes.
□ Verser la vinaigrette dans la salade.

« LA BELLE ÉPOQUE »
10, Place de la Mairie
78530 CHATEAUFORT
Tél.(3) 956 21 66

Une bien jolie entrée, surtout pour un dîner.
Mais certes sur le piment, il ne faut pas forcer.

SALADE DE FRAISE ET DE LANGUE DE VEAU KUMQUAT

Le chef : Jean-Pierre Morot Gaudry

Ingrédients

— 1/2 langue de veau
— 400 g de fraise de veau dégraissée
— 1 carotte, 1 oignon
— 1 bouquet garni
— 1 morceau de céleri
— 50 g de mâche, 50 g de trévise
— 50 g de kumquat (épicerie fine)
— 1 filet de vinaigre xérès
— 3 cuillères à soupe d'huile d'olive
— sel, poivre du moulin

Préparation

☐ Laver la langue et la fraise de veau avant de les mettre dans une casserole d'eau froide légèrement salée, en y ajoutant la carotte, l'oignon, le céleri et le bouquet garni. Laisser cuire 2 heures. *(Il est conseillé de le faire la veille).*

☐ Laisser refroidir dans la cuisson et ôter la petite peau blanche.

☐ Couper la fraise de veau en petits carrés, la langue en petits bâtonnets et le kumquat en fines rondelles.

☐ Mettre dans une casserole 1 cuillère de l'eau de cuisson de la viande, y ajouter la langue coupée et la fraise ainsi que le kumquat. Ajouter un filet de vinaigre de xérès et l'huile d'olive, sel, poivre du moulin et faire tiédir le tout sur feu doux.

Disposer la salade de mâche et de trévise sur les assiettes et y verser le contenu de la préparation.
Servir aussitôt.

« JEAN-PIERRE
MOROT GAUDRY »
8, rue de la Cavalerie
75015 PARIS
Tél.(1) 567 06 85

*Quand on sert ce plat
On peut vraiment la ramener... sa fraise !*

SALADE DE LANGUE AUX PÂTES FRAÎCHES

Le chef : Jean-Michel Bedier

Ingrédients

— 1 langue de veau de 1,200 kg
— 1 bouillon cube
— 400 g de pâtes fraîches
— 2 tomates moyennes
— 1 cuillère à soupe de câpres,
— 1 œuf dur haché
— cerfeuil (les feuilles)
— 1 citron pelé à vif et coupé en dés
— 150 g de haricots verts coupés en morceaux de 1 cm
— 2 échalotes hachées
— 1 vinaigrette bien moutardée
— sel, poivre du moulin

Préparation

La veille
☐ Mettre la langue dans une casserole d'eau froide avec un bouillon cube. Cuire à peu près 1 h 1/2. Laisser refroidir dans la cuisson.

Le lendemain
☐ Eplucher la langue en enlevant la petite peau blanche ainsi que le gras de la gorge. Couper en tranches fines et mettre à mariner dans un plat avec l'échalote hachée et la vinaigrette, donner un tour de moulin à poivre.
☐ Cuire les haricots verts 7 mn puis les égoutter.

☐ Cuire les pâtes dans l'eau salée, approximativement 10 mn. Il faut qu'elles soient bien cuites (pour être mangées froides).
☐ Rincer les pâtes à l'eau froide, bien les égoutter et les mettre dans un saladier, en ajoutant les 2 tomates concassées, les dés de citron, les haricots verts, les câpres et la vinaigrette. Bien vérifier l'assaisonnement.

Dresser la salade dans un plat et y répartir les tranches de langue, parsemer avec l'œuf dur haché et les feuilles de cerfeuil.

« LE CHIBERTA »
3, rue Arsène Houssaye
75008 PARIS
Tél. (1) 563 92 91

*Et surtout même s'il en reste,
Il ne faut jamais donner sa langue au chat.*

RATATOUILLE

Le chef : Michèle Cancé

Ingrédients

— 2 oignons
— 4 belles tomates
— 2 courgettes (laver, essuyer, ne pas éplucher)
— 2 aubergines
— ail
— thym, laurier
— 2 cuillères à soupe d'huile d'olive
— sel, poivre du moulin

Préparation

☐ Couper en gros dés tous les légumes.
☐ Dans une cocotte, faire revenir 2 oignons avec l'huile d'olive, ensuite y jeter les tomates et les courgettes.
☐ Réduire le feu et laisser cuire 10 mn en couvrant.
☐ Jeter ensuite les aubergines pelées et coupées en dés, ajouter ail, thym, laurier, sel et poivre du moulin.
☐ Laisser cuire à couvert pendant 10 mn.

On peut servir chaud ou froid.

Ce chef qui ne fait pas de cinéma :
On l'appelle « la Belle Gance ».

« CHEZ SERGE »
7, Boulevard Jean Jaurès
93400 SAINT-OUEN
Tél. (1) 254 06 42

FLAN DE FOIES DE VOLAILLE

Le chef : Jean Fleury

Ingrédients

— 2 foies de volaille (de préférence de Bresse)
— 1/2 verre de lait
— 1 grosse cuillère à soupe de crème
— 1 pointe d'ail
— 1 cuillère à soupe de persil haché
— 2 œufs
— sel, poivre du moulin (6 tours)

Préparation

☐ Mettre les foies dans le mixer avec le sel, le poivre, la pointe d'ail et le persil haché.
☐ Ajouter les 2 œufs entiers.
☐ Passer à nouveau au mixer.
☐ Verser le mélange dans un saladier ; à l'aide d'un fouet, incorporer le lait et la crème. La consistance du mélange doit être assez liquide.

☐ Beurrer des moules à flan, les remplir de la préparation, mettre à four doux (thermostat 4, 120°) au bain-marie pendant 45 mn.

Démouler le flan et le servir nappé d'un coulis de tomates.

Un jeune et bel abbé dit un jour à ses ouailles :
« Dégustez mes frères, ce beau foie de volaille
Du paradis le chef, sera récompensé
Car la recette est bonne et le palais flatté. »

« l'ARC EN CIEL »
Hotel FRANTEL
129, rue Servient
69003 LYON
Tél. (7) 862 94 12

TERRINE DE CAMPAGNE

Le chef : Jacky Galluci

Ingrédients

- 900 g de foie de porc
- 1 kg de gorgeron, (lard gras sous la gorge)
- noix de muscade râpée
- thym en poudre
- 5 épices (en petit pot)
- 5 gousses d'ail
- 1 poignée de persil haché
- 1 cuillère à soupe de cognac
- sel, poivre du moulin
- bocaux à stériliser

Préparation

☐ Hacher très finement le foie de porc, le gorgeron, les gousses d'ail.

☐ Mettre le hachis dans une grande terrine en ajoutant 1 grosse pincée de sel, 1 petite de poivre, 1 pincée de noix de muscade, du thym en poudre, le persil haché, 2 cuillères à café des 5 épices et le cognac...

☐ Pétrir le tout assez longtemps de manière à avoir un mélange homogène.

☐ Remplir les bocaux de cette préparation jusqu'à 2 doigts du bord. Les fermer hermétiquement et faire stériliser pendant 4 h recouverts d'eau. Laisser refroidir dans l'eau.

Cette terrine se conserve plusieurs jours dans un endroit frais.

La saveur n'attend pas qu'on ouvre grand son nez.

« LE BARBIN »
05240 SERRE CHEVALIER
Tél. (92) 24 04 42

TERRINE DE FOIES DE VOLAILLE

Le chef : Joël Robuchon

Ingrédients

— *350 g de gorge de porc*
— *500 g de foies de volaille*
— *1 cuillère à soupe de cognac*
— *salade frisée*
— *10 g de sucre*
— *1 pincée de 4 épices (épicerie fine)*
— *thym, laurier en poudre*
— *15 g de sel, poivre*

Préparation

☐ Hacher les foies et les gorges de porc.
☐ Incorporer le cognac, 15 g de sel, le poivre, 10 g de sucre en poudre et une pincée de 4 épices.
☐ Bien mélanger la farce, la mettre dans une terrine et bien tasser. Saupoudrer de thym et laurier. Recouvrir de papier aluminium et mettre le couvercle.

☐ Placer la terrine au bain-marie (l'eau doit monter au 3/4 de la terrine). Porter à ébullition. Mettre la terrine au four (thermostat 8, 180°) pendant 50 mn.
☐ Laisser reposer 20 mn.

☐ Retirer le couvercle et mettre une petite planchette aux dimensions de la terrine surmontée d'un gros poids. Laisser complètement refroidir et mettre au réfrigérateur 4 ou 5 jours.

Servir avec une salade frisée bien assaisonnée.

Appeler Bruce Lee en « cas d'raté ».

« LES CELEBRITES »
Hôtel NIKKO
61, Quai de Grenelle
75015 PARIS
Tél. (1) 575 62 62

TERRINE DE BODY

Le chef : Gérard Magnan

Ingrédients

— *600 g d'escalopes de veau*
— *400 g de poitrine fumée*
— *1 bouquet de persil*
— *16 grosses échalotes*
— *4 verres de vin blanc sec*
— *2 cuillères à café de poivre moulu*

Préparation

☐ Couper en très fines lamelles les escalopes de veau, ainsi que la poitrine fumée dont on aura ôté le petit morceau de cartilage.
☐ Hacher finement les échalotes et le persil et mélanger avec les 2 cuillères de poivre moulu.

☐ Dans une terrine, disposer une première couche de poitrine fumée, puis une couche de lamelles de veau, et une bonne couche du mélange échalotes persil et continuer ainsi de suite, en terminant par une couche de poitrine fumée.
☐ A chaque opération, verser un peu de vin blanc en pressant bien.

☐ Mettre la terrine au four au bain-marie, pendant 1 h, à feu doux (thermostat 4/5, 130°).

Pour voir si la terrine est bien cuite, prendre une aiguille, piquer la terrine, l'aiguille doit ressortir chaude.

☐ Après la cuisson, bien presser la terrine en la recouvrant d'une planchette de la grandeur de la terrine et surmontée d'un poids, et laisser refroidir ainsi. Mettre au réfrigérateur 24 h.

Servir avec une bonne salade verte.

```
« LE NAPOLEON CHAIX »
     André POUSSE
     46, rue Balard
      75015 PARIS
   Tél. (1) 554 09 00
```

Si le Chef était Jesse James,
Ce serait la terrine
Du Body bien-aimé.

TERRINE DE TÊTE DE VEAU

Le chef : Georges Ferier

Ingrédients

— 1 petite tête de veau, (ou une moitié)
— 2 carottes épluchées et coupées en rondelles
— 20 petits oignons
— 1 cuillère à café de porto
— 1 cuillère à café de cognac
— 1 paquet de gelée pour 1/2 l d'eau
— 1 pincée de cerfeuil haché
— 1 pincée de ciboulette hachée
— 1 pincée d'estragon haché
— 1 pincée de persil haché

Blanc bouillant :
— 2 cuillères à soupe de farine
— 3 cuillères à soupe de vinaigre de Xérès
— 1 oignon piqué d'un clou de girofle
— 1 bouquet garni
— 2 cuillères à soupe d'huile
— sel, poivre

Sauce gribiche :
— (au départ faire une mayonnaise avec 1 œuf, 1 cuillerée de moutarde, huile, sel, poivre)
— 1 œuf dur
— des câpres
— fines herbes hachées
— cornichons

Préparation

- Faire dégorger la tête de veau pendant 2 à 3 h, la mettre dans de l'eau froide et amener à ébullition, laisser bouillir quelques minutes pour la blanchir.
- La rafraîchir à l'eau froide.
- Couper la tête en morceaux et la mettre à cuire dans un blanc bouillant avec les ingrédients ci-dessus (les proportions sont données pour 1 l d'eau).
- Une fois la tête cuite, retirer les morceaux et les réserver dans un récipient.
- Préparer ensuite une bonne gelée avec des rouelles de carottes et quelques petits oignons cuits dans le jus de cuisson de la tête.
- Mettre dans une terrine tous les éléments en alternant tête de veau, carottes, petits oignons, quelques fines herbes hachées.
- Verser le jus de la gelée, laisser refroidir et mettre ensuite au réfrigérateur 2 h.

Démouler.
Servir avec une sauce gribiche, c'est-à-dire une mayonnaise à laquelle on ajoute : un jaune d'œuf dur, des cornichons coupés fins, des câpres, des fines herbes hachées et le blanc d'œuf dur coupé en fine julienne.

« LE LANA »
73120 COURCHEVEL
Tél. (79) 08 01 10

J'ai bien connu un athlète très pieux
Qui avait une plume très fine à son chapeau..
On l'appelait « l'athlète devot à la fine aigrette ».

TERRINE DE LÉGUMES

Le chef : Alain Velasco

Ingrédients

— 200 g de carottes
— 100 g de navets
— 150 g de haricots verts
— 2 avocats
— 3 tomates
— 50 cl de crème fraîche
— 4 feuilles de gélatine
— 1 pincée de persil haché
— 1 pincée de cerfeuil haché
— 1 pincée de ciboulette hachée
— 1 cuillère à dessert de vinaigre de vin
— 2 cuillères à soupe d'huile
— 8 tomates pour le coulis
— sel, poivre

Préparation

□ Eplucher les carottes, les navets et les haricots verts.
□ Faire cuire chaque légume séparément à l'eau bouillante salée.
□ Une fois cuits, les couper en petits dés ainsi que les avocats que l'on passe au jus de citron pour qu'ils ne noircissent pas, couper également les tomates en petits dés.
□ Mettre tous les légumes dans un saladier.
□ Incorporer la crème fraîche, en en réservant un peu.

□ Faire fondre la gélatine dans un peu d'eau chaude. Une fois bien fondue, ajouter un peu de crème fraîche, bien remuer, puis verser dans le saladier, bien mélanger, ajouter du sel et du poivre. Il faut que l'assaisonnement soit assez relevé.

□ Mouler le tout dans une terrine et faire prendre au réfrigérateur pendant 1 h.
□ Préparer un coulis en passant 8 tomates au mixer puis en y ajoutant cerfeuil, persil, ciboulette hachés finement, vinaigre, huile, sel et poivre.

Servir la terrine démoulée et nappée avec le coulis.

« LE JARDIN D'EDGAR »
92, rue de La Boétie
75008 PARIS
Tél. (1) 359 08 20

*Je préfère la terrine d'Edgar à celle d'Ivan
(Ivan « le terrine » bien sûr).*

TERRINE DE POIVRONS DOUX A L'HUILE D'OLIVE

Le chef : Richard Assimon

Ingrédients

— 1,500 kg de poivrons rouges
— 1 laitue
— 2 feuilles de gélatine
— 1 l de crème fraîche
— 2 cuillères à soupe de cognac
— 2 cuillères à soupe d'huile d'olive
— sel, poivre, sucre en poudre

Petite contrepèterie :
Comme le disait la Comtesse
Avec le poivron tout est beau.

Préparation

- Mettre les poivrons coupés en deux et épépinés dans une casserole avec un peu d'eau, du sel et une pincée de sucre.
- Couvrir et laisser 10 mn, les poivrons doivent être cuits mais pas trop.
- Passer les poivrons au mixer pour obtenir une pâte onctueuse, puis tamiser cette pâte, la consistance de la purée doit être comparable à celle d'un fromage blanc.
- Laisser refroidir.

- Incorporer aux poivrons (un volume égal à la moitié de la purée) la crème fraîche montée en chantilly, ajouter sel, poivre, cognac, et la gélatine fondue dans une goutte d'eau chaude.
- Bien mélanger le tout et mettre au réfrigérateur dans un moule à cake pendant 3 h.

- Emincer la salade très finement, l'assaisonner de sel, poivre, huile d'olive.

Mettre sur chaque assiette un nid de salade, 2 tranches de 1 cm d'épaisseur de terrine et servir avec des toasts tièdes badigeonnés d'huile d'olive.

« L'ENCLOS MONGRANIER »
30250 JUNAS/SOMMIERES
Tél. (66) 80 92 00

COQUILLAGES ET CRUSTACÉS

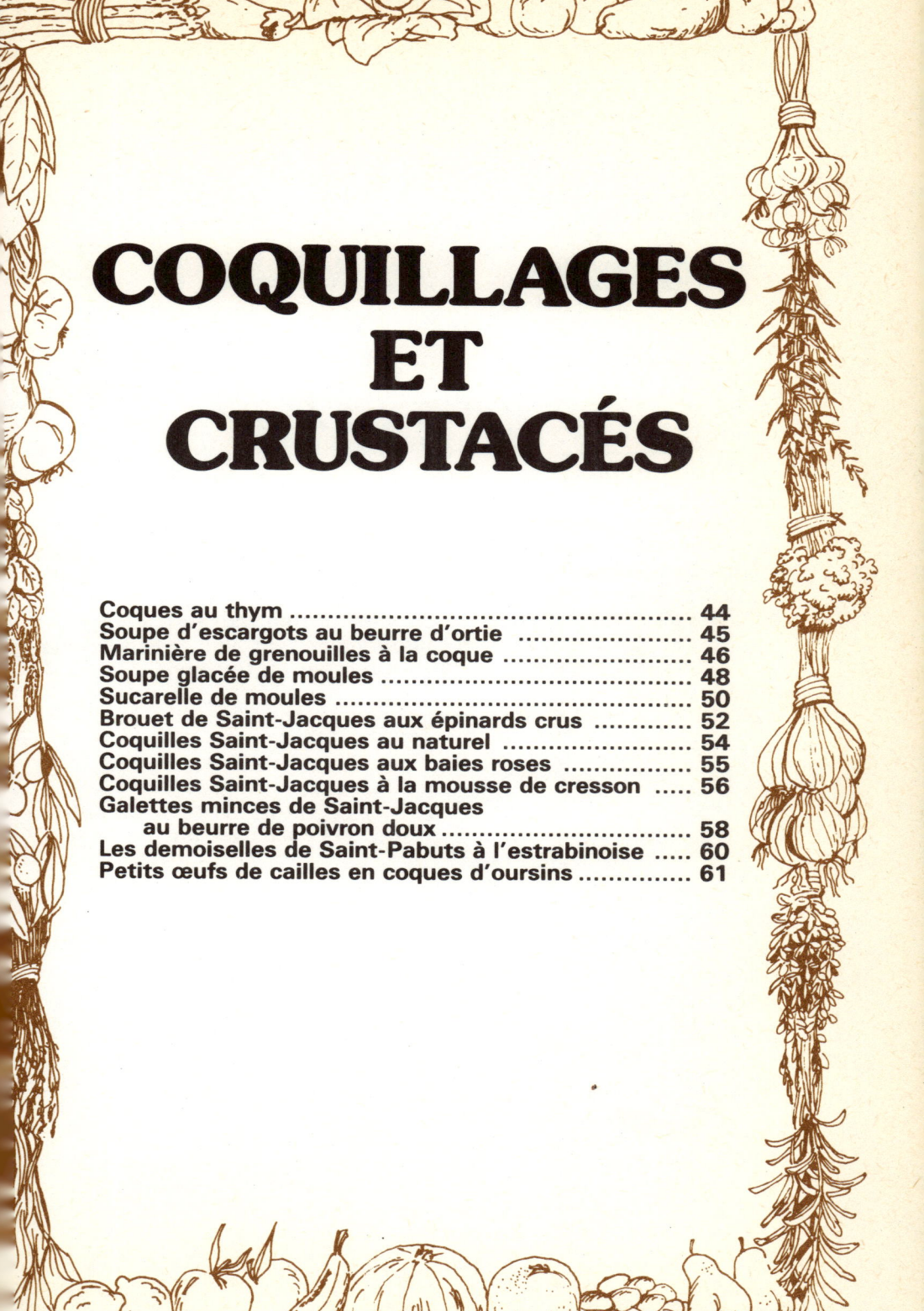

Coques au thym 44
Soupe d'escargots au beurre d'ortie 45
Marinière de grenouilles à la coque 46
Soupe glacée de moules 48
Sucarelle de moules 50
Brouet de Saint-Jacques aux épinards crus 52
Coquilles Saint-Jacques au naturel 54
Coquilles Saint-Jacques aux baies roses 55
Coquilles Saint-Jacques à la mousse de cresson 56
Galettes minces de Saint-Jacques
    au beurre de poivron doux 58
Les demoiselles de Saint-Pabuts à l'estrabinoise 60
Petits œufs de cailles en coques d'oursins 61

COQUES AU THYM

Le chef : Jacques Le Divellec

Ingrédients

— 1,500 kg de coques
— 1 échalote hachée
— 25 cl de crème fraîche
— 1 bouquet de thym
— 50 g de beurre
— poivre de cayenne

Préparation

☐ Bien laver les coques.
☐ Dans une cocotte bien beurrée, laisser blondir l'échalote, mettre les coques, la crème, saupoudrer de thym, poivrer, laisser 2 mn à couvert et en ébullition.
☐ *Ne pas ajouter de sel,* les coques en rejettent beaucoup.
☐ Retirer les coques et les réserver dans un plat, laisser réduire le jus avec le beurre restant et remuer en tournant.

Napper les coques et servir avec du persil haché.

Ne pas confondre :
Les coques au thym : c'est divin
Les coques hautains : c'est au vin.

« LE PACHA YACHTMAN »
23, Quai Valin
17000 LA ROCHELLE
Tél. (46) 41 20 68

SOUPE D'ESCARGOTS AU BEURRE D'ORTIE

Le chef : Bernard Loiseau

Ingrédients

— 200 g d'orties cueillies en forêt ou d'orties blanches (épicerie fine)
— 100 g de beurre
— 1 citron
— 48 escargots en boîte
— sel, poivre du moulin (3 tours)

Préparation

☐ Mettre les orties à ébullition 5 à 6 mn dans de l'eau légèrement salée, les égoutter et presser avec la main pour ôter toute l'eau.
☐ Passer au mixer pour obtenir une purée, puis y incorporer le beurre, saler, poivrer... Laisser de côté le temps de préparer les escargots.

☐ Mettre les escargots dans une casserole et faire chauffer 4 mn dans leur jus.
☐ Ajouter le beurre d'orties, bien remuer sur feu doux pendant 2 mn.
☐ Rectifier l'assaisonnement et ajouter un filet de citron.

Servir aussitôt.

Bien sûr la soupe est bonne avec ce qu'il y a dedans
Mais pour prendre les orties, c'est sûr, il faut des gants.

« LA COTE D'OR »
2, rue d'Argentine
21210 SAULIEU
Tél. (80) 64 07 66

MARINIÈRE DE GRENOUILLES A LA COQUE

Le chef : François Clerc

Ingrédients

— 8 œufs
— 400 g de moules de Bouchot
— 2 échalotes hachées
— 600 g de cuisses de grenouilles (fraîches ou surgelées)
— 1/4 de l de vin blanc sec
— 130 g de crème fraîche
— 130 g de beurre
— 1 bouquet de ciboulette hachée
— 200 g de pâte feuilletée
— sel, poivre de cayenne

Préparation

☐ Couper les œufs comme des œufs à la coque et les évider. Réserver l'intérieur de 2 œufs.
☐ Battre les 2 œufs et conserver les autres pour une omelette par exemple.
☐ Laver soigneusement les coquilles sans les casser.

☐ Dans une casserole, mettre 30 g de beurre, les échalotes, les moules et le vin blanc. Couvrir et mettre à feu fort pendant 4 mn.
☐ Retirer les moules, les décortiquer et les réserver.
☐ Dans la même casserole, mettre les cuisses de grenouilles, baisser le feu et faire cuire 8 à 9 mn.
☐ Retirer les cuisses de grenouilles, les laisser refroidir et les désosser, mettre les chairs de côté.

☐ Ajouter dans la casserole la crème fraîche, laisser réduire 5 mn sur feu vif.
☐ Ajouter 100 g de beurre dans cette sauce pour lier.
☐ Remettre les moules décortiquées et la chair de grenouilles, saler, poivrer, ajouter la ciboulette hachée.
☐ Remplir les coquilles d'œufs de cette préparation.

☐ Faire des disques de pâte feuilletée de 7 cm de diamètre et de 4 mm d'épaisseur.
☐ Couvrir chaque coquille, préalablement badigeonnée au pinceau avec les 2 œufs battus, d'un disque de pâte feuilletée, badigeonner aussi la pâte avec l'œuf battu, côté extérieur.
☐ Disposer les œufs ainsi préparés debout dans un plat à l'aide de coquetiers ou de pommes de terre évidées.
☐ Mettre à four chaud 10 mn (thermostat 6/7, 180°).

Servir aussitôt.

```
« LA VIEILLE FONTAINE »
     8, avenue Grety
  78600 MAISONS LAFFITTE
     Tél. (3) 962 01 78
```

J'ai été à la pêche à la grenouille
J'avais de l'eau jusqu'aux... genoux.
(Il n'y avait pas assez d'eau pour la rime).

SOUPE GLACÉE DE MOULES

Le chef : Alain Dutournier

Ingrédients

- 6 belles tomates
- 2 l de moules de Bouchot
- 500 g de fèves (non écossées)
- 2 cuillères à soupe d'huile d'olive vierge
- 1/2 botte de radis
- 5 têtes de champignons de Paris
- 1 citron
- 1/2 concombre
- 1 poivron rouge
- 1 petite botte de ciboulette
- tabasco
- 1 pincée de sucre
- un peu de sauce anglaise
- 1/2 verre de vin blanc
- gros sel
- sel, poivre

Préparation

□ Piquer le poivron rouge avec une fourchette, le passer à la flamme pour enlever la peau.

□ Nettoyer les moules, les mettre à feu vif 2 mn avec le 1/2 verre de vin blanc, puis les décortiquer.
□ Réserver le jus de cuisson.

□ Eplucher le concombre, ôter les pépins, le couper en dés et le faire dégorger avec du gros sel.
□ Laver les champignons, les couper en petits dés, les arroser de jus de citron.
□ Découper les radis en rondelles.
□ Ecosser les fèves, les dérober.
□ Après avoir enlevé la peau du poivron, le couper en deux, couper une moitié en lamelles, l'autre en dés.

☐ Dans un mixer, mettre : les tomates, les lamelles de poivron, le jus de cuisson et l'huile d'olive, ajouter 10 gouttes de tabasco et un peu de sauce anglaise, actionner le mixer jusqu'à obtenir un velouté.
☐ Mélanger les autres ingrédients coupés en dés, avec les fèves et les moules dans une soupière, arroser avec le velouté, vérifier l'assaisonnement.
☐ Mettre la soupière au réfrigérateur quelques heures.

Servir glacé parsemé de ciboulette hachée.

```
« LE TROU GASCON »
    40, rue Taine
   75012 PARIS
 Tél. (1) 344 34 26
```

Faites « la moule » ... pas la guerre.

SUCARELLE DE MOULES

Le chef : Gérard Besson

Ingrédients

— 2 kg de moules de Bouchot
— 1/2 l de vin blanc sec
— 1 tête d'ail, 1 branche de céleri
— 2 cuillères à soupe d'huile d'olive
— 2 oignons, 3 tomates fraîches
— fleur de thym
— 4 œufs
— 2 cuillères à soupe de crème épaisse
— 1 cuillère à soupe de paprika en poudre
— sel, poivre en grains concassés

Préparation

☐ Nettoyer et laver soigneusement les moules.
☐ Les mettre à cuire dans le vin blanc bouillant, où l'on aura mis 4 gousses d'ail, la branche de céleri, 1/2 cuillère à café de poivre en grains écrasés. Couvrir le récipient, laisser cuire pendant 3 ou 4 mn, en faisant sauter les moules dans la casserole.
☐ Une fois les moules ouvertes, on en réserve une vingtaine en coquilles, on décortique le reste que l'on réserve au chaud.

☐ Dans une casserole, à part, faire fondre dans l'huile d'olive, 2 oignons coupés très fin, ajouter 3 tomates épépinées et concassées, 3 gousses d'ail écrasées, quelques fleurs de thym et le paprika.
☐ Mouiller cette préparation avec la cuisson des moules, passée au chinois.

☐ Donner une ébullition et incorporer hors du feu 4 jaunes d'œufs battus avec la crème fraîche.
☐ Rectifier l'assaisonnement et verser le tout sur les moules.

Servir dans un plat chaud entouré des coquilles. On peut accompagner ce plat de pâtes fraîches.

« GÉRARD BESSON »
5, rue du Coq Héron
75001 PARIS
Tél. (1) 233 14 74

Bissons Besson pour ses molles moules.

BROUET DE SAINT-JACQUES AUX ÉPINARDS CRUS

Le chef : Guy Delmotte

Ingrédients

- 12 coquilles Saint-Jacques avec corail
- 30 cl de crème fraîche
- 1 verre de court-bouillon
- 2 jaunes d'œuf
- 500 g d'épinards
- 1 tomate épluchée
- 1 jus de citron
- 15 g de beurre
- sel, poivre

Préparation

☐ Découper en lamelles de 5 mm les coquilles Saint-Jacques.
☐ Beurrer et saler une sauteuse, y disposer les lamelles.
☐ Verser le court-bouillon.
☐ Laisser pocher les coquilles Saint-Jacques pendant 2 mn à l'eau frémissante puis les retirer.
☐ Incorporer 20 cl de crème fraîche dans le court-bouillon, laisser réduire jusqu'à consistance d'un potage léger.

☐ Laver, équeuter et ciseler les épinards, les verser dans la sauce et les laisser cuire pendant 2 mn.
☐ A part, mélanger 10 cl de crème fraîche avec 2 jaunes d'œufs et 1 jus de citron. Ajouter cette liaison aux épinards.
☐ Remettre les coquilles Saint-Jacques dans la sauteuse, vérifier l'assaisonnement.
☐ Préparer des assiettes chaudes, y mettre les dés de tomates concassées chaudes (ébouillantées, pelées, coupées, épépinées) et verser le brouet dessus.

Servir de suite.

« FLAVIO » CLUB DE LA FORÊT
Avenue Verger
62520 LE TOUQUET
Tél. (21) 05 10 22

Ne pas confondre : l'épinard en boîte, l'épinard frais,
Et les bouteilles « d'épinards ». Signé : Popeye.

COQUILLES SAINT-JACQUES AU NATUREL

Le chef : Paul Blache

Ingrédients

— 4 kg de coquilles Saint-Jacques non décortiquées
— 2 échalotes finement hachées
— persil
— 50 g de beurre
— sel, poivre du moulin

Préparation

☐ Décortiquer les coquilles (faire attention à ce qu'elles soient bien vivantes).
☐ Nettoyer soigneusement les noix et le corail.
☐ Laver les coquilles, les essuyer et passer du beurre au pinceau dans chacune d'elles (on ne se sert que de 4 ou 5 coquilles).

☐ Mettre 4 à 5 noix avec le corail par coquille beurrée.
☐ Ajouter une petite échalote finement hachée, saler, poivrer et surmonter d'une noisette de beurre.
☐ Mettre cette préparation dans un four très chaud (thermostat 9/10, 280°) pendant 5 à 6 mn.

Ajouter du persil haché avant de servir.

Ce n'est pas une coquille de dire Europe 1
Comme les Saint-Jacques c'est naturel.

« LA COQUILLE »
6, rue du Débarcadère
75017 PARIS
Tél. (1) 574 25 95

COQUILLES SAINT-JACQUES AUX BAIES ROSES

Le chef : Roland Magne

Ingrédients

— *3 kg de coquilles Saint-Jacques non décortiquées*
— *1 citron vert*
— *ciboulette*
— *2 cuillères à soupe d'huile d'olive*
— *1 pot de baies roses en saumure (poivre rose de Formose)*
— *sel, poivre*

Préparation

☐ Bien laver les noix de coquilles Saint-Jacques une fois décortiquées, les couper en rondelles de 5 mm d'épaisseur et les disposer sur les assiettes (4 noix par assiette).

☐ Saler, poivrer et parsemer de baies roses les rondelles de Saint-Jacques.
☐ Arroser d'un jus de citron.
☐ Parsemer de ciboulette hachée.
☐ Verser l'huile d'olive en filet très mince sur chaque noix.
☐ Mettre les assiettes au réfrigérateur 20 à 30 mn.

Servir avec des toasts grillés.

Ces folles coquilles ont vraiment un petit grain (de poivre rose).

« LE PACTOLE »
44, Bd St-Germain
75006 PARIS
Tél. (1) 633 31 31

COQUILLES SAINT-JACQUES A LA MOUSSE DE CRESSON

Le chef : Georges Romano

Ingrédients

- 2 bottes de cresson
- 16 noix de coquilles Saint-Jacques (environ 4 kg)
- 2 échalotes hachées
- 1 verre de vin blanc sec
- 20 cl de crème fraîche
- 150 g de beurre
- 1/2 citron
- 1 bouquet d'estragon
- sel, poivre

Préparation

☐ Couper le pied des bottes de cresson.

☐ Pocher 2 mn dans une eau salée et bouillante les feuilles de cresson. Rincer à l'eau froide, passer au mixer, bien égoutter cette purée de cresson, ajouter une noix de beurre, sel et poivre et réserver au chaud.

☐ Couper en deux les noix de Saint-Jacques, les mettre dans une poêle genre « Tefal » sans matière grasse, 1 mn de chaque côté. Saler et poivrer légèrement.

☐ Verser la crème fraîche dans une casserole. Faire réduire 5 mn, ajouter l'échalote hachée, quelques feuilles d'estragon haché, verser le vin blanc et laisser de nouveau réduire, assaisonner.
☐ Fouetter la sauce en ajoutant le beurre en morceaux. Une fois tout le beurre incorporé, ajouter le jus d'1/2 citron.
☐ Sur un plat, dresser la mousse de cresson, y poser les noix de Saint-Jacques, passer au four 3 à 4 mn (thermostat 5/6, 180°)

Napper avec la sauce avant de servir.

La Saint-Jacques est à la mousse
Ce que Paul est à France,
Etroitement liée.

« PAUL ET FRANCE »
27, avenue Niel
75017 PARIS
Tél. (1) 763 04 24

GALETTES MINCES DE SAINT-JACQUES AU BEURRE DE POIVRON DOUX

Le chef : Michel Lorain

Ingrédients

— 20 noix de Saint-Jacques
— 150 g de beurre
— 2 cuillères à soupe de crème fraîche
— 1 cuillère de vinaigre blanc
— 1/2 verre de vin blanc
— 10 g d'échalote hachée
— 1 poivron rouge

Pâte brisée :
— 100 g de farine
— 50 g de beurre
— 1 œuf entier
— 1 cuillère à soupe d'eau

Préparation

Pâte brisée.
☐ *(Faire la pâte la veille si possible)*
☐ Mélanger la farine avec du beurre ramolli.
☐ Ajouter l'œuf entier et l'eau, bien malaxer.
☐ Etaler la pâte très très finement et faire 4 galettes de 15 cm de diamètre, faire cuire ces galettes à four chaud (thermostat 7/8, 230°) pendant 10 mn.

Préparation

□ Couper en deux les noix de Saint-Jacques et les étaler sur les galettes. Saler, poivrer et mettre de côté.
□ Faire réduire le vinaigre, le vin blanc et les échalotes presque à sec, ajouter la crème fraîche, fouetter énergiquement. Ajouter ensuite le beurre par petits morceaux tout en continuant à fouetter.

□ Mettre dans la sauce le poivron sans sa peau et coupé en fines lamelles.
□ Mettre les galettes avec les Saint-Jacques 2 mn sous le gril.

Napper avec le beurre de poivron doux et servir aussitôt.

```
« LA CÔTE ST-JACQUES »
14, Faubourg de Paris
89300 JOIGNY
Tél. (86) 62 09 70
```

Si la pâte est brisée, le palais ne l'est point
Un plat est magnifique quand on s'appelle Lorain.

LES DEMOISELLES DE SAINT-PABUTS A L'ESTRABINOISE

Le chef : André Parra

Ingrédients

— 8 coquilles Saint-Jacques décortiquées
— 1/2 baguette de pain très frais
— ciboulette, cerfeuil, persil
— 1 échalote
— huile d'olive
— sel, poivre

Préparation

☐ Bien laver les coquilles décortiquées, les saler, poivrer et saupoudrer avec les herbes et l'échalote finement hachées.
☐ Ajouter un bon filet d'huile d'olive.
☐ Ouvrir la 1/2 baguette dans sa longueur, enlever la mie.

☐ Ranger les coquilles l'une à côté de l'autre dans la baguette et enfermer celle-ci dans du papier d'aluminium en laissant une ouverture.
☐ Mettre à four très chaud, (thermostat 8/9, 250°) pendant 8 mn.

Servir aussitôt.

Je n'ai pas fait comme les demoiselles
... Moi j'ai bu.

« ERMITAGE DE CORTON »
21200 BEAUNE
Tél. (80) 22 05 28

PETITS ŒUFS DE CAILLES EN COQUES D'OURSINS

Le chef : Michel Rostang

Ingrédients

— 24 oursins
— 24 œufs de cailles
— 20 cl de crème fraîche
— sel, poivre du moulin

Préparation

☐ Ouvrir les oursins côté bec avec des ciseaux, vider et filtrer l'eau, la garder.
☐ Sortir les langues de corail avec une petite cuillère, les garder.
☐ Laver délicatement les coquilles d'oursins.
☐ Remettre l'eau et le corail dans les coquilles.

☐ Casser un œuf de caille dans chaque coquille.
☐ Mettre à four chaud (thermostat 6/7, 200°) pendant 4/5 mn, le blanc de l'œuf doit être pris mais tremblotant.
☐ Réduire dans une casserole la crème fraîche d'un tiers environ, saler et poivrer.

Verser une cuillerée de crème fraîche dans chaque coque d'oursin et servir aussitôt.

Une recette toute simple qui ne manque pourtant pas de piquant.

« MICHEL ROSTANG »
10, rue Gustave Flaubert
75017 PARIS
Tél. (1) 763 40 77

POISSONS

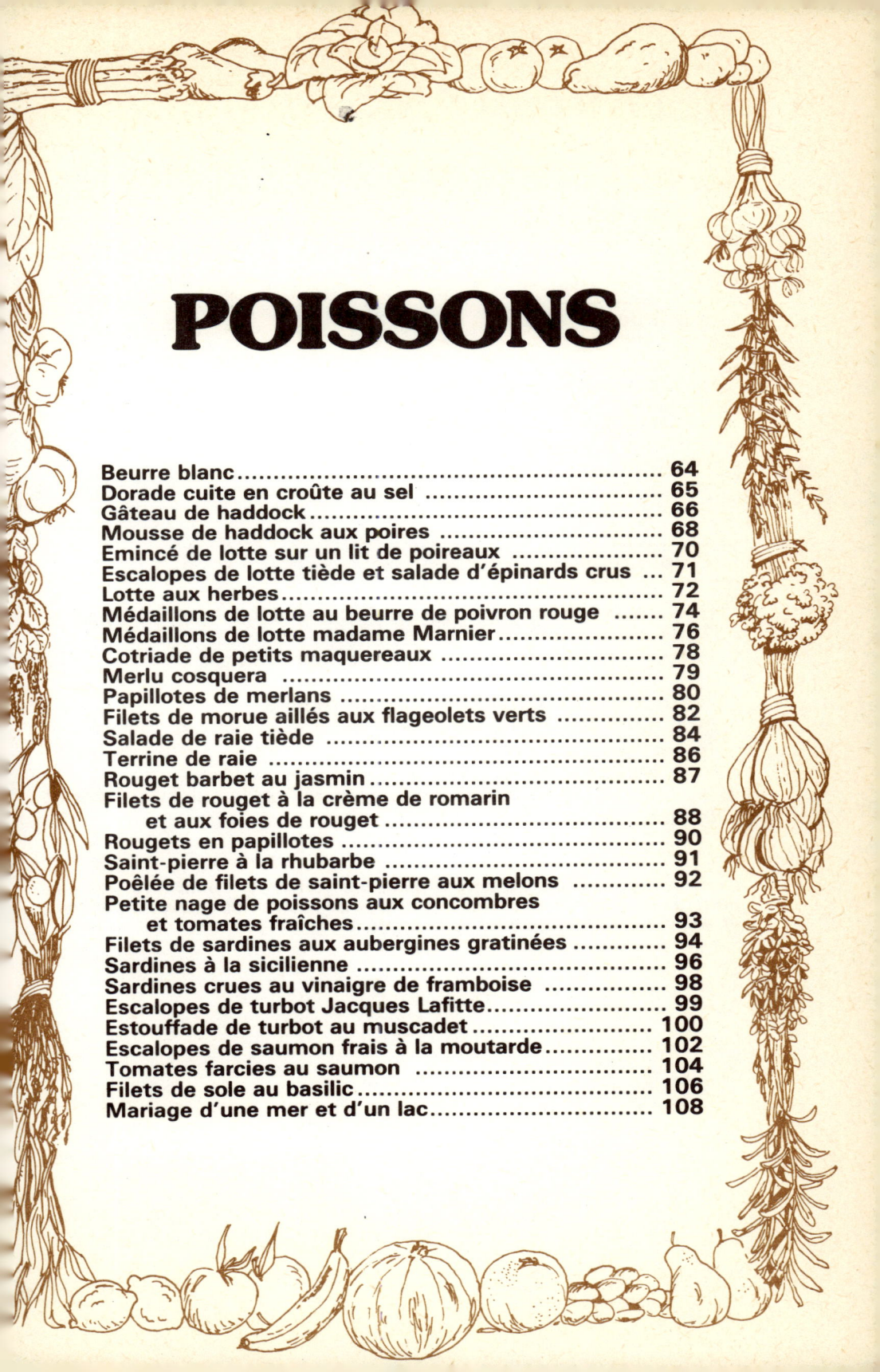

Beurre blanc 64
Dorade cuite en croûte au sel 65
Gâteau de haddock 66
Mousse de haddock aux poires 68
Emincé de lotte sur un lit de poireaux 70
Escalopes de lotte tiède et salade d'épinards crus ... 71
Lotte aux herbes 72
Médaillons de lotte au beurre de poivron rouge 74
Médaillons de lotte madame Marnier 76
Cotriade de petits maquereaux 78
Merlu cosquera 79
Papillotes de merlans 80
Filets de morue aillés aux flageolets verts 82
Salade de raie tiède 84
Terrine de raie 86
Rouget barbet au jasmin 87
Filets de rouget à la crème de romarin
    et aux foies de rouget 88
Rougets en papillotes 90
Saint-pierre à la rhubarbe 91
Poêlée de filets de saint-pierre aux melons 92
Petite nage de poissons aux concombres
    et tomates fraîches 93
Filets de sardines aux aubergines gratinées 94
Sardines à la sicilienne 96
Sardines crues au vinaigre de framboise 98
Escalopes de turbot Jacques Lafitte 99
Estouffade de turbot au muscadet 100
Escalopes de saumon frais à la moutarde 102
Tomates farcies au saumon 104
Filets de sole au basilic 106
Mariage d'une mer et d'un lac 108

BEURRE BLANC

Le chef : Joël Leduc

Ingrédients

— 120 g de beurre
— 1 cuillère à café de vinaigre de vin
— 3 cuillères à soupe d'échalotes grises hachées
— 1 cuillère à café d'eau à portée de main
— 1 cuillère à soupe de crème fraîche
— sel, poivre

Préparation

☐ Réduire le vinaigre de vin et l'échalote hachée fin pendant 3 mn sur feu moyen.
☐ Porter la préparation à ébullition et faire réduire à sec.
☐ Ajouter la crème fraîche et laisser réduire.
☐ Incorporer les 120 g de beurre dans la casserole en remuant très doucement avec un fouet, laisser fondre. Après un bouillon, retirer du feu et continuer de battre au fouet.
☐ Ajouter 1 cuillère à café d'eau pour arrêter la cuisson, saler et poivrer.

Cette recette simple du beurre blanc ne conviendra peut-être pas aux puristes mais elle a au moins l'avantage de pouvoir être réussie par tous et elle pourra accompagner sans honte les beaux poissons cuits à l'eau.

« LE CLOS DOMBASLE »
6, rue Dombasle
75015 PARIS
Tél. (1) 531 59 09

DORADE CUITE EN CROÛTE AU SEL

Le chef : Michel Guérard

Ingrédients

— 1 dorade de 800 g, rose, grise ou royale
— 1 kg de gros sel
— 3 rondelles de citron
— 1 feuille de laurier
— 1 branche de thym

Préparation

☐ *Ne pas écailler le poisson.*
☐ Vider le poisson avec de gros ciseaux.
☐ Ôter la nageoire dorsale.
☐ Dans le ventre du poisson, mettre : 3 rondelles de citron, 1 feuille de laurier, 1 branche de thym.

☐ Dans un plat ovale en fonte ou émaillé, coucher la dorade sur 300 g de gros sel et la recouvrir du reste du gros sel.
☐ Enfourner le plat dans un four préalablement chauffé.
☐ Cuire 20 mn (thermostat 7, 220°).
☐ Après la cuisson, ôter la croûte de sel et la peau du poisson.

Servir les filets avec un beurre fondu.

« LES PRES D'EUGENIE »
40320 EUGENIE LES BAINS
Tél. (58) 58 19 01

*Avant de manger cette dorade,
Il faut casser la croûte (de sel).*

GÂTEAU DE HADDOCK

Le chef : Christian Schuliar

Ingrédients

- 2 filets de haddock fumé de 300 ou 400 g chacun
- 150 g de champignons de Paris coupés en lamelles
- 5 poireaux lavés et tronçonnés dans leur longueur
- 1 kg de pommes de terre
- 20 cl de crème fraîche
- 50 g de beurre
- 1 échalote
- 1/2 verre d'eau
- poivre du moulin

Préparation

- Cuire à l'eau les pommes de terre dans leur peau. On peut le faire la veille.
- Etuver lentement les poireaux tronçonnés dans 40 g de beurre et le 1/2 verre d'eau 8 à 10 mn.
- Tapisser un moule rond en utilisant les deux-tiers du haddock coupé en fines tranches.
- Superposer ensuite, les champignons coupés en lamelles, les pommes de terre épluchées et coupées en tranches larges, les poireaux, le restant du haddock et la moitié de la crème fraîche, poivrer, *ne pas saler*.

- Poser sur le dessus un papier d'aluminium.
- Cuire au bain-marie à four préchauffé, (thermostat 9, 270°) pendant 30 mn.
- Faire suer l'échalote dans les 10 g de beurre restant.

- Démouler le gâteau.
  Récupérer le jus et le verser sur les échalotes.
- Faire réduire le jus d'un tiers.
- Ajouter le reste de crème fraîche.
- Napper le gâteau avec cette sauce.

Servir chaud.

> « LE MONDE DES CHIMERES »
> 69, rue Saint-Louis en l'Isle
> 75004 PARIS
> Tél. (1) 354 45 27

Comme dirait Tintin :
Ce plat n'est pas pour ce gâteux de Haddock.

MOUSSE DE HADDOCK AUX POIRES

Le chef : Alain Grisart

> **Ingrédients**

Haddock
— 450 g de haddock fumé (demander au poissonnier d'ôter la peau)
— 1 œuf entier
— 1 blanc d'œuf
— 50 cl de crème fraîche (double)

Poires
— 4 poires william
— 1 petite pincée de safran
— le jus d'1/2 orange
— 1 jaune d'œuf
— 25 cl de crème
— 1 cuillère à soupe de cointreau
— 4 feuilles d'aluminium
— poivre

C'est à l'ombre du Mont Blanc que le grand chef Grisart s'arrêta de skier pour faire cette mousse aux poires.

Préparation

- Dessaler à l'eau courante les filets de haddock pendant 3 h.
- Sécher le haddock et le passer au mixer 3 à 4 mn pour obtenir une pâte bien lisse, poivrer.
- Ajouter 1 œuf et 1 blanc d'œuf, passer à nouveau au mixer et mettre au réfrigérateur pendant 30 mn.
- Ajouter 50 cl de crème fraîche, fouetter quelques secondes.

- Beurrer 4 petits moules à gâteaux ou ramequins.
- Remplir les moules de mousse de haddock, couvrir d'une feuille d'aluminium et cuire au four 30 mn au bain-marie, (thermostat 7, 210°).

- Peler les poires, les couper en quartiers minces et les pocher dans l'eau 4 à 5 mn. Egoutter et réserver au chaud.
- Mettre 25 cl de crème fraîche et une pincée de safran dans une casserole à fond épais, laisser épaissir, ajouter un jaune d'œuf, remuer pour lier, ajouter le jus d'orange, la cuillère de cointreau, saler et poivrer légèrement.

- Démouler le haddock sur une assiette.
- Napper de sauce et décorer avec les quartiers de poires.

Servir chaud.

« LE FIN GODET »
Avenue de l'Aiguille du Midi
74400 CHAMONIX
Tél. (50) 53 20 04

EMINCÉ DE LOTTE SUR UN LIT DE POIREAUX

Le chef : Julien Foret

Ingrédients

- 600 g de lotte parée
- 1 cuillère à soupe d'huile d'arachide
- 200 g de beurre
- 1/2 verre de vin blanc
- 20 cl de crème fraîche
- 500 g de poireaux
- 1 sachet de fumet de poisson
- sel et poivre du moulin

Préparation

☐ Laver les poireaux, les émincer très finement, puis les faire fondre dans 50 g de beurre pendant 20 à 25 mn.
☐ Assaisonner, verser la crème fraîche, donner un bouillon et garder au chaud.

☐ Verser l'huile dans un plat avec 50 g de beurre et mettre sur le feu.
☐ Mettre la lotte salée et poivrée, lorsque le beurre est bien chaud, cuire à four préchauffé, (thermostat 8, 240°) pendant 10 mn.

☐ Oter la lotte et déglacer le plat avec le vin blanc et le 1/2 verre de fumet de poisson, laisser réduire de moitié, ajouter le reste du beurre en morceaux en fouettant.
☐ Découper la lotte en tranches.

Servir la lotte sur le lit de poireaux, présenter la sauce à part.

Cette lotte au lit
C'est un plat de tout repos.

« JULIUS »
6, Bd Camelinat
92230 GENNEVILLIERS
Tél. (1) 798 79 37

ESCALOPES DE LOTTE TIÈDE ET SALADE D'ÉPINARDS CRUS

Le chef : Michel Kerever

Ingrédients

— 400 g d'épinards frais
— 600 g de filets de lotte parés
— huile d'olive
— huile d'arachide
— 1 citron
— 4 gros champignons de Paris
— cerfeuil, ciboulette hachés
— sel, poivre

Préparation

☐ Enlever les queues des épinards, laver les feuilles à l'eau froide, essorer comme une salade.
☐ Laver les champignons de Paris, les couper en fines lamelles puis en julienne.
☐ Couper la lotte en fines tranches (3 à 4 mm d'épaisseur).

☐ Disposer sur un plat les épinards crus et les champignons de Paris, arroser d'huile d'arachide, du jus de citron, saler, poivrer.

☐ Mettre une poêle à chauffer avec de l'huile d'olive, faire saisir dans l'huile chaude les escalopes de lotte 5 à 6 s de chaque côté, saler, poivrer.

Disposer la lotte ainsi cuite sur le lit d'épinards et ajouter du cerfeuil et de la ciboulette hachés avant de servir.

Le lion dort ? Vite un lit d'épinards !

« LE LION D'OR »
8, rue de Fougères
35340 LIFFRE
Tél. (99) 68 31 09

LOTTE AUX HERBES

Le chef : Pierre Wynans

> **Ingrédients**

— 1 petite lotte de 1,400 kg environ
— 1 citron
— 1 cuillère à soupe de sauvignon
— 1 échalote
— 30 g de cressonnette ou de cresson
— 20 g d'oseille
— 10 g de ciboulette
— 20 g de cerfeuil
— 20 g de cœur de laitue (soit 1 petit cœur de laitue)
— 2 belles tomates ou 4 petites
— 20 g de beurre
— 25 cl de crème fraîche
— sel, poivre

On dit au « comme chez soi »
Ça est un vrai régal... une fois !

Préparation

- Bien laver les herbes.
- Plonger les tomates 20 s dans l'eau bouillante, les refroidir, les peler, enlever les pépins et les couper en petits dés, saupoudrer de ciboulette hachée, saler et poivrer.
- La lotte doit être nettoyée, l'arête centrale enlevée ainsi que la peau.

- Couper la lotte en médaillons d'1 cm d'épaisseur.
- Mettre ces médaillons dans une casserole à fond épais avec 20 g de beurre, le sauvignon, l'échalote hachée, 1 filet de citron, du sel, du poivre, couvrir, mettre à feu vif pour amener à ébullition puis laisser frémir à feu plus doux pendant 3 mn.
- Tourner les médaillons à mi-cuisson.
- Retirer les médaillons de lotte et les garder à couvert au chaud.

- Faire réduire le jus de cuisson de moitié.
- Ajouter la crème fraîche et laisser de nouveau reduire d'un tiers, mettre cette sauce dans un mixer avec le cresson, l'oseille, le cerfeuil, le cœur de laitue et hacher le tout très fin.

- Mettre à chauffer de nouveau cette sauce, vérifier l'assaisonnement.
- Faire tiédir les tomates et la ciboulette.

Servir dans des assiettes chaudes.
Mettre d'abord la sauce puis les médaillons de lotte et verser les tomates à la ciboulette.

```
« COMME CHEZ SOI »
23, Place Rouppe
B1000 BRUXELLES
Tél. (19-32 2) 512 29 21
```

MÉDAILLONS DE LOTTE AU BEURRE DE POIVRON ROUGE

Le chef : Guy Savoy

Ingrédients

- 700 g de filets de lotte
- 1 poivron rouge
- 2 petites échalotes
- 1 cuillère à soupe de vin blanc sec
- 2 cuillères à soupe de crème fraîche
- 150 g de beurre
- 1 citron
- huile d'olive
- sel, poivre

1 court-bouillon
- 1 l d'eau
- 3 cl de vinaigre blanc
- 1 carotte
- 1 oignon
- 1 bouquet garni
- sel, poivre

Préparation

Court-bouillon
☐ Faire un court-bouillon de la façon suivante :
Dans un l d'eau mettre 3 cl de vinaigre blanc, une carotte émincée, un oignon émincé, un bouquet garni. Laisser cuire 10 mn.

Préparation
☐ Partager le poivron, ôter les pépins, le cuire lentement à l'huile d'olive dans une sauteuse couverte 6 à 7 mn. Passer le poivron cuit au tamis très fin.

☐ Détailler les filets de lotte en médaillons de 1 cm.
☐ Faire réduire presque à sec les échalotes hachées dans le vin blanc.

- Ajouter la crème fraîche, laisser bouillir 1 à 2 mn en fouettant.
- Incorporer le beurre en petits morceaux à feu modéré.
- Ajouter la purée de poivron à cette sauce, sel, poivre et le jus d'1 citron.

- Placer les médaillons de lotte, assez espacés les uns des autres, dans un plat à gratin, saler et poivrer.
- Arroser avec le court-bouillon et laisser frémir sur le feu 4 à 5 mn.
- Retirer et égoutter les médaillons, les poser sur le plat de service ou sur une assiette et napper de sauce.

Servir avec des légumes de saison.

« GUY SAVOY »
28, rue Duret
75016 PARIS
Tél. (1) 500 17 67

Pour le riz et la lotte, Savoy n'a aucun mal,
Son plat s'appelle même, lotte-riz nationale.

MÉDAILLONS DE LOTTE MADAME MARNIER

Le chef : Alain Nonnet

Ingrédients

— 12 médaillons de lotte de 2 cm d'épaisseur
— 1 grosse orange
— 2 cuillères à soupe de poivre vert
— 4 cuillères à soupe de grenadine
— 2 verres de Grand Marnier
— 2 cuillères à soupe de crème fraîche
— 100 g de beurre
— sel

fumet de poisson
— 1 l d'eau
— des arêtes
— 1 bouquet garni, 1 carotte, 1 oignon, 2 échalotes
— 1 verre de vin blanc sec, 4 grains d'anis étoilé

Préparation

☐ Faire cuire le fumet de poisson 20 mn en laissant frémir.
☐ Blanchir les zestes d'orange quelques minutes dans l'eau bouillante.
☐ Cuire les zestes 20 mn avec un peu de grenadine et de Grand Marnier.

☐ Mettre les médaillons de lotte dans le fumet tamisé et froid, chauffer et laisser 10 mn.
☐ Réserver les médaillons (hors du fumet).
☐ Réduire 8 cuillerées du fumet avec 2 cuillerées de poivre vert, un petit verre à digestif de Grand Marnier.
☐ Ajouter 2 cuillerées de crème fraîche et 80 g de beurre en fouettant.

Servir chaud en mettant les médaillons de lotte au milieu d'un plat. Ajouter les zestes et napper de sauce.

« AUBERGE DE LA COGNETTE »
Bd Stalingrad
36100 ISSOUDUN
Tél. (54) 21 21 83

Bien que ce médaillon là soit précieux,
Il vaut mieux ne pas le mettre en pendentif.
Ça tache !

COTRIADE DE PETITS MAQUEREAUX

Le chef : Gilbert Le Coze

Ingrédients

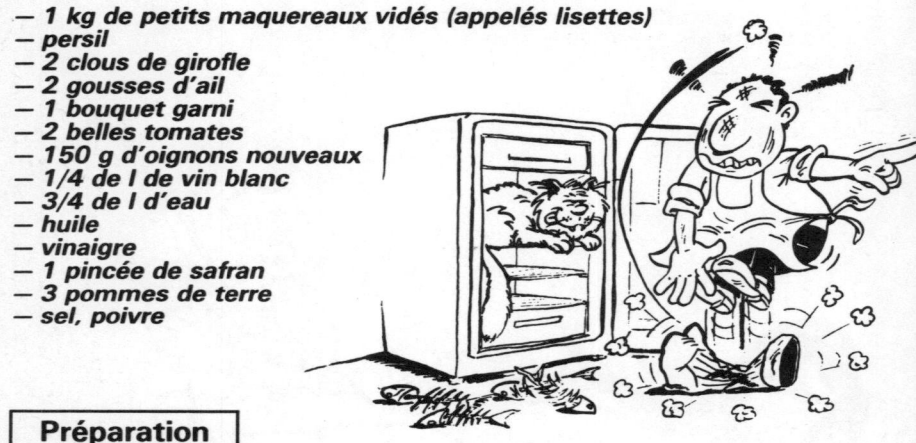

— 1 kg de petits maquereaux vidés (appelés lisettes)
— persil
— 2 clous de girofle
— 2 gousses d'ail
— 1 bouquet garni
— 2 belles tomates
— 150 g d'oignons nouveaux
— 1/4 de l de vin blanc
— 3/4 de l d'eau
— huile
— vinaigre
— 1 pincée de safran
— 3 pommes de terre
— sel, poivre

Préparation

☐ Dans un plat émaillé, préalablement beurré, étaler les pommes de terre coupées en rondelles de 1/2 cm.
☐ Ajouter les tomates coupées également en rondelles.
☐ Ajouter les oignons coupés en deux, le bouquet garni, les clous de girofle, la pincée de safran, le sel et le poivre.
☐ Arroser le tout avec le vin blanc et l'eau.

☐ Faire cuire cette préparation à feu très doux 20 mn.
☐ Mettre les lisettes dans le plat et faire frémir 5 mn en arrosant constamment avec le jus.

Servir chaud ou tiède avec un peu d'huile et de vinaigre.

Une lisette en cotriade,
C'est un maquereau en jupon.

« LE BERNARDIN »
18, rue Troyon
75017 PARIS
Tél. (1) 380 40 61

MERLU COSQUERA

Le chef : Pierre Laporte

Ingrédients

— 1 kg de merlu (de ligne de préférence)
— 2 douzaines de palourdes
— un peu d'huile d'olive
— 2 gousses d'ail
— persil
— sel poivre

Préparation

☐ Couper délicatement le merlu en tranches épaisses.
☐ Laver soigneusement les palourdes.
☐ Chauffer doucement l'huile d'olive dans une casserole (en terre de préférence) frottée d'ail.

☐ Cuire les darnes de merlu dans l'huile d'olive 5 à 6 mn, saler et poivrer.
☐ Dès que le merlu rejette un jus blanc, ajouter les palourdes.
☐ Saupoudrer d'ail et de persil hachés.
☐ Laisser ouvrir les palourdes.

Servir aussitôt.

N'est-il pas normal pour une recette légère d'y mettre des palourdes ?

« LE CAFE DE PARIS »
5, Place Bellevue
64200 BIARRITZ
Tél. (59) 24 19 53

PAPILLOTES DE MERLANS

Le chef : Gérard Pangaud

Ingrédients

— 4 merlans de 200 g chacun (à faire lever en filets)
— 1 courgette
— 1 aubergine
— 4 tomates
— 4 feuilles d'aluminium
— fines herbes, thym
— 1 tête d'ail
— 4 cuillerées à soupe d'huile d'olive
— 2 citrons
— sel, poivre

Préparation

☐ Saler, poivrer chaque filet.
☐ Emincer très finement en rondelles, les courgettes, les aubergines et les tomates après en avoir ôté la peau.
☐ Mettre sur une feuille d'aluminium préalablement huilée successivement : une fine couche de courgettes, une couche d'aubergines, une couche de tomates, un filet de merlan, une seconde couche de légumes et un filet de poisson en essayant de reconstituer sa forme.
☐ Fermer hermétiquement les papillotes.

☐ Chauffer un plat, avec un peu d'huile, et y mettre les papillotes, qui doivent gonfler.
☐ Mettre le plat à four chaud pendant 2 mn 30.
☐ Sortir du four et ouvrir les papillotes.
☐ Verser dans chacune d'elles un mélange de pulpe de tomates, de jus de citron, d'huile d'olive.
☐ Parsemer de fines herbes.

Servir aussitôt.

« GÉRARD PANGAUD »
1, Place Rhin et Danube
92100 BOULOGNE
BILLANCOURT
Tél. (1) 605 34 42

Des papillotes de merlan !
On se croirait chez le coiffeur !

FILETS DE MORUE AILLÉS AUX FLAGEOLETS VERTS

Le chef : Michel Peignaud

> **Ingrédients**

— 1 kg de morue
— 400 g de flageolets verts
— 25 cl de crème fraîche
— 1 carotte, 1 oignon,
— cerfeuil
— 4 têtes d'ail
— 1 bouquet garni
— 4 cuillères à soupe d'huile d'arachide
— 2 clous de girofle
— poivre

C'est un très bon plat que l'on prépare la veille
Et dont on se souvient souvent le lendemain !

Préparation

Deux jours à l'avance
- Faire dessaler la morue coupée en 4 pendant 48 h dans une grande quantité d'eau froide avec un filet d'eau courante.

La veille
- Faire tremper les flageolets 24 h dans beaucoup d'eau.

- Le jour de la préparation : mettre les flageolets dans de l'eau fraîche, les faire cuire 30 mn sans sel avec 1 oignon piqué de 2 clous de girofle, 1 carotte, 1 bouquet garni et 3 gousses d'ail. Si les flageolets sont cuits la peau doit friser lorsqu'on souffle dessus.
- Egoutter les steaks de morue.

- Mettre dans une poêle l'huile d'arachide, poivrer les steaks, *ne pas saler,* les mettre dans la poêle lorsque l'huile est très chaude, les faire saisir des deux côtés.

- Poser les steaks dans un plat allant au four, émincer dessus 4 gousses d'ail finement hachées.
- Egoutter les flageolets, les verser sur les steaks et napper avec 250 g de crème fraîche.
- Mettre au four 20 mn, (thermostat 5/6, 170°).

Saupoudrer de cerfeuil haché avant de servir.

« LA BELLE EPOQUE »
78530 CHATEAUFORT
Tél. (3) 956 21 66

SALADE DE RAIE TIÈDE

Le chef : Alain Senderens

> **Ingrédients**

— *1 aile de raie de 800 g*
— *mélange de salade (mesclin, mâche, frisée)*
— *échalotes*
— *2 tomates*
— *1 citron*
— *persil, cerfeuil, ciboulette, thym*
— *vinaigre de vin*
— *huile d'olive*
— *sel, poivre*

Faire la raie au milieu, pour un chef même coiffé
C'est difficile,
Surtout quand c'est de la raie bouclée.

Préparation

Aile de raie
☐ Faire bouillir une eau vinaigrée, avec poivre, thym ; faire pocher doucement la raie dans cette préparation pendant 5 à 10 mn.

☐ Préparer le mélange de salades avec de la vinaigrette (vinaigre de vin et huile d'olive, échalotes coupées fin et fines herbes).
☐ Ce mélange de salades est mis dans un plat devant le four pour tiédir.

☐ Quand la raie est cuite, l'éplucher et enlever les filaments qu'on mélange à la salade.
☐ Hacher très finement un zeste de citron, y ajouter 2 tomates concassées.

Tomates concassées
☐ Ebouillanter 2 tomates.
☐ Enlever la peau.
☐ Les couper en deux.
☐ Enlever les pépins.
☐ Couper la chair en petits dés.
☐ Faire juste revenir dans une poêle à l'huile d'olive, sel, poivre, 1 pointe d'échalotes.
Ne pas cuire la préparation, mais il faut qu'elle soit tiède.

Mélanger le tout et servir.

« L'ARCHESTRATE »
84, rue de Varenne
75007 PARIS
Tél. (1) 551 47 33

TERRINE DE RAIE

Le chef : Alain Dutournier

Ingrédients

— *1 raie de 800 g*
— *1 citron*
— *2 tomates bien fermes*
— *3 cuillères à soupe de câpres*
— *2 échalotes grises*
— *1 bottillon de persil simple*
— *1 pincée de piment de cayenne*
— *1 court bouillon*
— *sel*

Préparation

☐ Pocher la raie 10 mn dans un court-bouillon.
☐ Oter la peau et retirer la chair.
☐ Mélanger la chair avec le citron pelé à vif et coupé en dés, les tomates pelées, épépinées et coupées en dés. Ajouter les câpres, le persil haché grossièrement, les échalotes coupées et un peu de piment de cayenne.
☐ Saler et mélanger l'ensemble.

☐ Mettre la préparation dans une terrine, (le couvercle à l'envers, y poser un poids pour tasser.)
☐ Laisser au réfrigérateur 10 h environ.

Servir la terrine coupée en tranches accompagnée d'un coulis de tomates.

Ce plat me rappelle une chanson :
Terrine était servante,
Chez Monsieur Dutournier
Etc...

« LE TROU GASCON »
40, rue Taine
75012 PARIS
Tél. (1) 344 34 26

ROUGET BARBET AU JASMIN

Le chef : Bruno Fava

Ingrédients

— 4 rougets de 150 g
— 1 brochet de 500 g
— 2 œufs
— 2 tomates
— 3 cuillères à soupe de crème fraîche
— 1 grappe de jasmin (achetée chez le fleuriste)
— huile d'olive
— fines herbes, ail
— sel, poivre de cayenne

Préparation

☐ Retirer la peau du brochet, enlever les arêtes et passer la chair au mixer, saler, poivrer.
☐ Ajouter les œufs et la crème fraîche à cette pâte, bien tourner et saupoudrer de jasmin.
☐ Ouvrir côté ventre les rougets bien lavés, y mettre la farce de brochet, refermer les rougets, les disposer en papillotes avec du papier d'aluminium.
☐ Mettre dans un plat à four chaud (thermostat 7/8, 230°) 15 à 20 mn.

☐ Préparer une sauce froide dite « sauce Jean Yanne » : passer au mixer 2 tomates épluchées et épépinées, monter à l'huile d'olive, ajouter sel, poivre, fines herbes et une pointe d'ail.

Servir les papillotes et la sauce à part.

Fava...
Fava bien merfi.

« ILE DE FRANCE »
Quai Debilly
75016 PARIS
Tél. (1) 723 60 21

FILETS DE ROUGET A LA CRÈME DE ROMARIN ET AUX FOIES DE ROUGET

Le chef : Freddy Girardet

Ingrédients

— 4 rougets de 200 g en filets
— (récupérer les 4 foies, les arêtes et les têtes)
— 2 échalotes hachées
— 1 branche de romarin frais (10 cm de long)
— 50 g de beurre
— 1 verre de vin blanc
— 1 verre d'eau
— 25 cl de crème fraîche
— 1 filet de citron
— sel, poivre

Préparation

☐ Faire revenir les arêtes et les têtes des rougets, les échalotes hachées, le romarin en fragments avec 30 g de beurre pendant 1 à 2 mn.
☐ Mouiller avec le vin blanc et l'eau.
☐ Laisser cuire 5 mn.
☐ Passer ce fumet, le faire réduire de moitié, incorporer ensuite la crème fraîche, laisser réduire à nouveau pour obtenir une sauce de belle consistance.

☐ Incorporer les foies de rougets hachés et les 20 g de beurre restant, sel, poivre et le jus de citron.
☐ Garder au chaud au bain-marie.

☐ Chauffer une poêle genre « Tefal » sans matière grasse.
☐ Poser les filets côté rouge dans la poêle, laisser 40 s, tourner les filets et cuire 30 s côté blanc.
☐ Verser la sauce dans le plat chaud et disposer les filets.

Servir aussitôt.

```
« RESTAURANT GIRARDET »
         CRISSIER
          Suisse
    Tél. 19 41 21 34 15 14
```

C'est « frais, dis » tes rougets !

ROUGETS EN PAPILLOTES

Le chef : Jean-Marie Amat

Ingrédients

— 4 rougets de 200 g chacun (juste écaillés mais non vidés)
— 4 feuilles d'aluminium
— 1/2 citron
— huile d'olive
— basilic frais
— 3 tomates concassées
— sel, poivre

Préparation

☐ Enlever le foie des rougets sans les vider.
☐ Mettre les rougets sur les feuilles d'aluminium.
☐ Verser 1 goutte d'huile d'olive et un peu de jus de citron sur chaque poisson, saler, poivrer.

☐ Mélanger les foies avec du basilic frais haché, de la tomate concassée, 1 cuillère d'huile d'olive, du sel et du poivre.
☐ Poser un peu de cette préparation sur chaque rouget, fermer les papillotes.

☐ Mettre au four 12 mn, (thermostat 7/8, 230°) ou bien sous la cendre.

Servir ; chaque convive ouvrira sa papillote.

Le parfum des papillotes
Vous fait papillonner la glotte.

« LE SAINT—JAMES »
Place C. Hostein
33270 BOULIAC
Tél. (56) 20 52 19

SAINT-PIERRE A LA RHUBARBE

Le chef : Louis Outhier

Ingrédients

— 2 saint-pierre de 800 g en filets
— 150 g de rhubarbe
— 20 cl de crème fraîche
— 1 morceau de sucre
— 50 g de beurre
— 1 pincée de basilic haché
— sel, poivre

Préparation

☐ Cuire les filets de saint-pierre à feu doux dans 50 g de beurre, 1 mn de chaque côté.
☐ Réserver les filets dans un plat chaud.

☐ Mettre dans le beurre de cuisson la rhubarbe épluchée et coupée en fines rondelles de 2 mm d'épaisseur laisser cuire 30 s.
☐ Ajouter la crème fraîche et laisser réduire de moitié.

☐ Saler, poivrer, ajouter le morceau de sucre et une pincée de basilic haché, remuer avant de napper les filets de saint-pierre.

Servir aussitôt.

La clé du paradis des cuisiniers
Pour le Saint-Pierre de Louis Outhier.

« L'OASIS »
06210 MANDELIEU LA NAPOULE
Tél. (93) 49 95 52

POÊLÉE DE FILETS DE SAINT-PIERRE AUX MELONS

Le chef : Jean-Claude Ferrero

Ingrédients

— 1 saint-pierre de 1,500 kg (préparé en filets)
— 1 melon de 400 g
— 1 poireau, 2 carottes
— 6 feuilles de menthe fraîche
— 50 g de beurre
— sel, poivre

Préparation

☐ Couper les carottes et les poireaux en julienne (bâtonnets très minces).
☐ Couper le melon épluché et épépiné en quartiers.
☐ Blanchir à l'eau bouillante les carottes et le poireau 1 mn et rafraîchir.

☐ Saisir à feu vif dans une poêle genre « Tefal » les filets de saint-pierre sans matière grasse 2 mn de chaque côté. Les retirer et garder au chaud.
☐ Mettre 2 mn à feu vif dans la poêle les légumes avec 20 g de beurre, saler, poivrer, retirer du feu et garder au chaud.

☐ Faire revenir dans une autre poêle à feu très vif les tranches de melon avec le beurre restant (30 g), saler, poivrer, (les tranches de melon doivent légèrement caraméliser).

Mettre dans les assiettes chaudes les tranches de melon disposées en couronne, le saint-pierre au milieu avec les légumes, parsemer de menthe fraîche ciselée.

J'aimerais que l'on m'entende tout là-haut !
Et que l'on bénisse pour ce plat l'ami Ferrero.

« LE MARCANDE »
52, rue de Miromesnil
75008 PARIS
Tél. (1) 265 76 85

PETITE NAGE DE POISSONS AUX CONCOMBRES ET TOMATES FRAÎCHES

Le chef : Philippe Chavent

Ingrédients

— 1 kg de filets de moruettes (ou autres poissons maigres : aiglefin, lieu, turbot, saint-pierre, etc...)
— 2 concombres, 6 tomates
— 1 verre d'huile d'olive
— 15 g de beurre
— jus d'1/2 citron
— 1 bouquet de basilic
— 1/2 l de court-bouillon en sachet
— sel, poivre

Préparation

☐ Ebouillanter, peler, épépiner et hacher grossièrement les tomates.
☐ Laisser macérer une nuit les tomates avec l'huile d'olive, le basilic haché, le citron, sel et poivre.
☐ Eplucher et épépiner les concombres, les couper en bâtonnets très fins.
☐ Coucher les filets de poissons dans une sauteuse beurrée, recouvrir de concombres, ajouter à hauteur le court-bouillon, porter à ébullition et laisser frémir 2 mn à feu très doux.
☐ Egoutter le poisson et les concombres, les mettre dans les assiettes nappés de la sauce tomate.

Servir aussitôt.

Ch'est chimple pour un plat Chavent.

« LA TOUR ROSE »
16, rue Bœuf
69005 LYON
Tél. (78) 37 25 90

FILETS DE SARDINES AUX AUBERGINES GRATINÉES

Le chef : Pierre Vedel

> **Ingrédients**

— 14 grosses sardines fraîches préparées en filets
— 1,500 kg d'aubergines
— 1 kg de tomates
— huile d'arachide
— 1 cuillère à dessert d'huile d'olive
— 2 gousses d'ail
— 3 feuilles de basilic
— 150 g de parmesan
— sel, poivre

> **Préparation**

☐ Détailler les aubergines bien lavées et essuyées, en lamelles de 2 mm, saler légèrement.
☐ Plonger les tomates dans de l'eau bouillante quelques secondes, enlever la peau et les pépins.
☐ Nettoyer les filets de sardines pour enlever les écailles.

☐ Mettre de l'huile dans une poêle, chauffer fortement, faire dorer les lamelles d'aubergines que l'on aura lavées et asséchées auparavant, retirer les lamelles et les poser sur un papier absorbant pour retirer l'huile.
☐ Passer les tomates au mixer avec 1 cuillère à dessert d'huile d'olive, le basilic, l'ail, saler et poivrer.

☐ Ranger en alternant dans un plat allant au four, les aubergines, les filets de sardines, en mettant entre chaque couche du parmesan râpé, couvrir avec les tomates passées au mixer.
☐ Mettre le plat au four (thermostat 7, 210°) pendant 25 mn.

Servir chaud.

```
« PIERRE VEDEL »
50, rue des Morillons
75015 PARIS
Tél. (1) 828 04 37
```

Des aubergines gratinées
J'en ai vu sur la chaussée.
Elles avaient des pieds immenses
Et dans la main des contredanses.

SARDINES A LA SICILIENNE

Le chef : Jean Forno

> **Ingrédients**

- 1 kg de sardines
- 2 courgettes
- 2 têtes de fenouil
- 2 belles tomates
- 1 citron
- 1 cuillère à soupe de câpres
- 1 gousse d'ail
- 1 branche de persil
- 60 g de beurre
- 3 cuillères à soupe d'huile d'olive
- farine
- 1 œuf
- sel, poivre

> **Préparation**

☐ Lever les filets des sardines et les enfiler pliés en deux sur une brochette.

☐ Faire bouillir de l'eau légèrement salée, y faire cuire l'œuf 10 mn et le hacher en œuf mimosa.

☐ Dans la même eau, plonger les tomates quelques instants, les peler, plonger ensuite le fenouil coupé en quartiers (2 mn), égoutter.

☐ Faire chauffer 2 cuillerées d'huile d'olive dans une poêle. Faire revenir les tomates coupées en deux et le fenouil pendant 5 mn. Conserver au chaud.

☐ Faire sauter dans la poêle les courgettes coupées en rondelles, les tenir au chaud.

☐ Poser les brochettes préalablement farinées dans l'huile bien chaude (2 mn de chaque côté).

Pour servir, mettre dans un plat les sardines, les légumes, verser dessus un jus de citron, du beurre noisette, parsemer de câpres, de l'œuf mimosa et de persil haché.

```
« AU CHATEAUBRIAND »
     23, rue Chabrol
       75010 PARIS
    Tél. (1) 824 58 94
```

Un petit air de vendetta
Couve sous ce plat.

SARDINES CRUES AU VINAIGRE DE FRAMBOISE

Le chef : Roland Boyer

Ingrédients

— *16 sardines bretonnes*
— *2 citrons verts*
— *1 pot de baies roses (poivre rose)*
— *2 cuillères à soupe de vinaigre de framboise*
— *1 cuillère à soupe d'huile d'arachide*
— *1 cuillère à soupe d'huile d'olive*
— *cannelle*

Préparation

☐ Lever les filets des sardines bretonnes lavées et écaillées.

☐ Prendre un grand plat creux où l'on aura mis un peu d'huile d'olive, y disposer les filets, saler, poivrer, arroser copieusement de vinaigre de framboise et d'un peu d'huile d'arachide.

☐ Parsemer de baies roses, décorer le tour du plat avec du citron en tranches et de la cannelle.

Laisser 2 h minimum dans un endroit frais.

*Pour faire ces sardines crues
C'est du tout cuit.*

« LES ARMES DE BRETAGNE »
108, avenue du Maine
75014 PARIS
Tél.(1) 320 29 50

ESCALOPES DE TURBOT JACQUES LAFITTE

Le chef : Jean-Claude Dray

Ingrédients

— 8 escalopes de turbot (préparées par votre poissonnier)
— 1/2 verre de vinaigre de vin
— 1 verre de porto
— 50 g de beurre
— 1 cuillère à soupe d'huile d'arachide
— 2 tomates
— sel, poivre

Préparation

☐ Faire chauffer à feu vif, dans une poêle, très peu d'huile, assaisonner les escalopes de turbot de sel et de poivre de chaque côté, poser les escalopes dans la poêle, les faire cuire 40 s de chaque côté, retirer et garder au chaud.

☐ Déglacer la poêle toujours sur le feu avec le porto et le vinaigre, laisser bouillir 10 s, retirer du feu et incorporer le beurre par petits morceaux en fouettant, garder au chaud.

☐ Couper les tomates en rondelles et passer à four chaud, (thermostat 7/8, 230°) 2 mn.

Poser le turbot sur une assiette chaude avec les rondelles de tomates et passer de nouveau à four chaud 20 s, napper de sauce et servir avec des légumes de saison.

On fait bien sûr ce plat, à l'aise et très très vite.
On l'appelle pour cela, le turbot Jacques Lafitte.

« LA RENAISSANCE »
58470 MAGNY-COURS
Tél.(86) 58 10 40

ESTOUFFADE DE TURBOT AU MUSCADET

Le chef : Joseph Delphin

Ingrédients

— 1 turbot de 1,800 kg à 2 kg (faire lever les filets par le poissonnier)
— 2 échalotes hachées
— 2 poireaux coupés en lamelles
— 4 carottes en petits cubes
— 1/2 bouteille de muscadet
— 3 cuillères à soupe de crème fraîche
— 1 grappe de raisin (blanc de préférence)
— 100 g de beurre
— cerfeuil
— sel, poivre

Préparation

☐ Faire fondre les échalotes hachées avec 50 g de beurre dans une cocotte en fonte.
☐ Ajouter les poireaux coupés en lamelles, faire fondre, ajouter les carottes coupées en petits cubes, blanchies préalablement 5 mn dans de l'eau bouillante salée, faire fondre.
☐ Mettre sur les légumes les filets de turbot coupés en dés de 1,5 cm de côté, laisser cuire 4 à 5 mn à même température.
☐ Verser le muscadet pour juste couvrir la préparation, donner un bouillon et couvrir la cocotte, laisser mijoter 5 mn, retirer du feu.
☐ Égoutter les légumes et le turbot, les tenir au chaud entre 2 assiettes.
☐ Réduire le jus de cuisson à sec sur feu vif, ajouter la crème fraîche, laisser réduire à consistance (la crème doit napper une cuillère sans couler).
☐ Retirer du feu et monter la sauce au fouet en incorporant les 50 g de beurre restant coupé en parcelles.
☐ Peler et épépiner le raisin.

Pour servir, disposer le raisin en couronne autour de l'assiette, le turbot et les légumes au centre, napper de sauce et parsemer de cerfeuil haché.

*Ce plat signé Delphin
N'arrive pas sans pépins.*

« DELPHIN »
44470 CARQUEFOU
par NANTES
Tél.(40) 49 04 13

ESCALOPES DE SAUMON FRAIS A LA MOUTARDE

Le chef : Jean-Pierre Billoux

Ingrédients

— 4 escalopes de saumon frais de 180 g
— 1 cuillère à soupe de moutarde
— 100 g de beurre
— 50 g de champignons de Paris
— sel, poivre

Fumet de poisson :
— 2 ou 3 arêtes de soles
— 2 carottes
— 1/2 oignon
— persil, bouquet garni
— 1 verre de vin blanc
— 2 verres d'eau

Ce plat est célèbre dans le milieu des deux-roues Grâce à la divine motarde de Dijon.

Préparation

La veille
- Faire un fumet de poisson : mettre dans un peu de beurre les arêtes, l'oignon, les carottes coupées, faire revenir quelques minutes, mouiller avec 1 verre de vin blanc et 2 verres d'eau, ajouter le persil, le bouquet garni, cuire 20 mn puis passer le jus et mettre de côté. Le fumet se conserve au réfrigérateur assez longtemps.

Préparation
- Chauffer dans une casserole 1 cuillerée de moutarde et 2 cuillerées de fumet, ajouter les 100 g de beurre et les champignons de Paris, cuire à petit feu quelques mn.
- Cuire les escalopes de saumon préalablement salées dans une poêle genre « Tefal » pendant 1 mn de chaque côté.

Pour servir, mettre la sauce aux champignons dans les assiettes chaudes, et y déposer les escalopes de saumon. Le plat s'accompagne de pommes de terre nouvelles.

« HÔTEL DE LA GARE »
79, avenue du Général de Gaulle
71160 DIGOIN
Tél.(85) 53 03 04

TOMATES FARCIES AU SAUMON

Le chef : Gisèle Berger

Ingrédients

— 400 g de saumon frais (à faire préparer en filets par le poissonnier)
— 8 tomates
— 6 petits oignons nouveaux
— 1 courgette
— 1 jaune d'œuf
— 100 g de champignons de Paris
— 2 cuillères à soupe d'huile d'arachide
— 100 g de beurre
— 1 branche d'estragon frais
— 1 cuillère à soupe de crème fraîche
— sel, poivre du moulin.

Préparation

☐ Préparer les tomates en coupant un petit chapeau, les vider à l'aide d'une cuillère à café, poser la chair récupérée dans le fond du plat qui servira à la cuisson.
☐ Cuire 30 mn dans de l'eau salée les légumes épluchés et coupés en petits dés. Égoutter et laisser refroidir.

☐ Couper les filets de saumon en morceaux de 1 cm environ, les mettre dans un saladier, saler, poivrer, ajouter 1 jaune d'œuf et l'estragon finement haché, mettre les légumes froids, bien mélanger.

☐ Garnir les tomates évidées avec cette préparation, remettre les petits chapeaux, ajouter du beurre sur chaque tomate et les poser dans le plat.
☐ Cuire à four chaud, (thermostat 7/8, 230°) pendant 30 mn.

Servir à la sortie du four accompagné de champignons frais sautés au beurre.

« LA BONNE TABLE »
119, boulevard Jean Jaurès
92110 CLICHY
Tél.(1) 737 38 79

Certes c'est une farce, mais pas une blague !

FILETS DE SOLE AU BASILIC

Le chef : Claude Deligne

> **Ingrédients**

— 2 soles de 750 g chacune (faire lever les filets par le poissonnier)
— 40 g d'échalotes
— 1 cuillère à soupe de basilic haché
— 1 cuillère à soupe d'huile d'olive
— 1/2 verre de vin blanc
— 1 verre 1/2 de fumet de poisson
— 120 g de beurre
— 1/2 citron
— 1 tomate, cerfeuil
— sel et poivre du moulin

Préparation

☐ Placer dans le fond d'un plat allant au four, les échalotes coupées très fin, l'huile d'olive et le basilic haché. Répartir l'ensemble sur toute la surface du plat. Disposer les filets de soles préalablement salés et poivrés. Ajouter le vin blanc et le fumet de poisson. Recouvrir avec un papier d'aluminium. Porter à ébullition sur feu vif et placer ensuite le plat dans un four chaud (thermostat 8, 240°). Laisser cuire pendant 5 mn, puis égoutter les filets et les tenir au chaud entre 2 assiettes.

☐ Placer le plat de cuisson sur le feu, réduire la sauce d'un tiers. Incorporer à l'aide d'un fouet le beurre coupé en petits morceaux. Rectifier l'assaisonnement et ajouter le jus du 1/2 citron.

☐ Peler et épépiner la tomate avant de la couper en petits dés que l'on jette 30 s dans de l'eau bouillante. Ajouter la tomate sur les filets dressés sur les assiettes.

Servir nappé avec la sauce et décoré de cerfeuil haché.

Quand on parle de basilic, je préfère le Saint-Pierre.

« TAILLEVENT »
15, rue Lamennais
75008 PARIS
Tél.(1) 561 12 90

MARIAGE D'UNE MER ET D'UN LAC

Le chef : François Bise

Ingrédients

— 8 coquilles Saint-Jacques
— 1 belle truite saumonée (800 g)
— 12 écrevisses
— 400 g de beurre
— persil, ciboulette, estragon, cerfeuil
— 75 cl de très bon vin blanc sec
— 2 carottes
— 2 oignons
— thym, laurier
— sel, poivre

Préparation

□ Faire un court-bouillon avec le très bon vin blanc sec, les carottes et les oignons finement émincés, une branche de thym, 1/2 feuille de laurier, une branche de persil, une pincée de sel, un tour de moulin de poivre, 2 cuillères à soupe d'eau, laisser bouillir 40 mn doucement.
□ Retirer les légumes du court-bouillon, les réserver pour la garniture.

□ Dans un récipient long, pocher la truite dans le court-bouillon à petite ébullition 6 mn de chaque côté, enlever délicatement la peau avec le dos d'une cuillère à café, réserver au chaud.
□ Pocher les Saint-Jacques décortiquées et les écrevisses entières 45 s dans le court-bouillon, réserver au chaud.
□ Décortiquer les queues des écrevisses et les pattes si elles sont grosses, réserver au chaud.

☐ Réduire le court-bouillon des deux-tiers
☐ Ajouter le beurre en parcelles au fouet sur feu très doux, le mélange doit devenir blanc et mousseux, ajouter les fines herbes (le persil et le cerfeuil hachés, la ciboulette et l'estragon concassés), mettre le poisson et les crustacés dans un plat recouvert d'une étamine mouillée pour empêcher de sécher.
☐ Faire chauffer au four 2 à 3 mn.

Napper légèrement les poissons de sauce, ajouter les légumes du court-bouillon, servir chaud, la sauce à part.

« AUBERGE
DU PÈRE BISE »
74290 TALLOIRES
Tél.(50) 60 72 01

Quel beau mariage
Que cette nage
J'en fais une bise à François.

VIANDES ET VOLAILLES

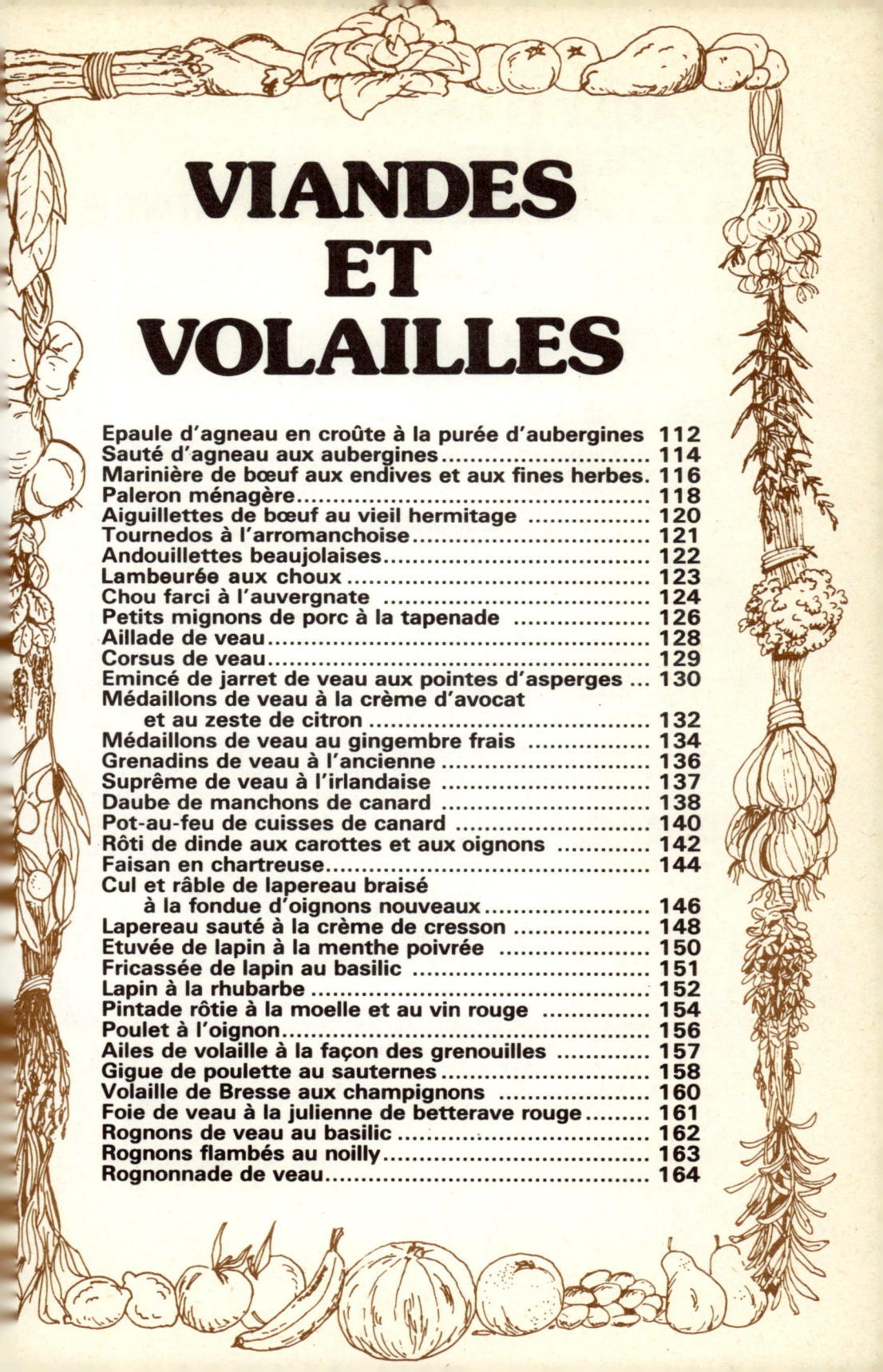

Epaule d'agneau en croûte à la purée d'aubergines	112
Sauté d'agneau aux aubergines	114
Marinière de bœuf aux endives et aux fines herbes.	116
Paleron ménagère	118
Aiguillettes de bœuf au vieil hermitage	120
Tournedos à l'arromanchoise	121
Andouillettes beaujolaises	122
Lambeurée aux choux	123
Chou farci à l'auvergnate	124
Petits mignons de porc à la tapenade	126
Aillade de veau	128
Corsus de veau	129
Emincé de jarret de veau aux pointes d'asperges	130
Médaillons de veau à la crème d'avocat et au zeste de citron	132
Médaillons de veau au gingembre frais	134
Grenadins de veau à l'ancienne	136
Suprême de veau à l'irlandaise	137
Daube de manchons de canard	138
Pot-au-feu de cuisses de canard	140
Rôti de dinde aux carottes et aux oignons	142
Faisan en chartreuse	144
Cul et râble de lapereau braisé à la fondue d'oignons nouveaux	146
Lapereau sauté à la crème de cresson	148
Etuvée de lapin à la menthe poivrée	150
Fricassée de lapin au basilic	151
Lapin à la rhubarbe	152
Pintade rôtie à la moelle et au vin rouge	154
Poulet à l'oignon	156
Ailes de volaille à la façon des grenouilles	157
Gigue de poulette au sauternes	158
Volaille de Bresse aux champignons	160
Foie de veau à la julienne de betterave rouge	161
Rognons de veau au basilic	162
Rognons flambés au noilly	163
Rognonnade de veau	164

ÉPAULE D'AGNEAU EN CROÛTE A LA PURÉE D'AUBERGINES

Le chef : Alain Passart

Ingrédients

— 1 épaule d'agneau de 800 g à 1 kg (désossée non roulée)
— 800 g d'aubergines
— 2 gousses d'ail
— romarin, thym, sarriette
— 250 g de pâte feuilletée surgelée
— 1 cuillère à soupe d'huile d'olive
— 1 œuf
— sel, poivre du moulin

Préparation

On peut préparer la purée d'aubergines la veille.

☐ Nettoyer les aubergines et les couper en deux dans le sens de la longueur. A l'aide d'un couteau, quadriller légèrement la pulpe, saler et poivrer. Passer un filet d'huile sur la plaque du four, y placer les aubergines et faire cuire pendant 25 mn (thermostat 8/9, 270°).

☐ Après la cuisson, évider les aubergines et hacher cette pulpe finement. Incorporer les herbes de Provence et les gousses d'ail hachées, laisser au frais.

☐ Etaler la pâte feuilletée au rouleau pour obtenir une feuille très fine.

☐ Faire rissoler l'épaule dans une sauteuse huilée, colorer toutes les faces, laisser refroidir l'épaule.

☐ Recouvrir la viande froide avec la purée d'aubergines et envelopper dans la pâte feuilletée, fermer hermétiquement la pâte.

☐ Badigeonner l'extérieur du feuilleté avec un œuf battu et mettre à four très chaud, (thermostat 9/10, 300°) pendant 40 mn.

Servir aussitôt.

Té Peuchère l'agneau de Passart
C'est un vrai soleil !

« LE DUC D'ENGHIEN »
3, avenue de Ceinture
95880 ENGHIEN les BAINS
Tél. (3) 989 95 95

SAUTÉ D'AGNEAU AUX AUBERGINES

Le chef : Bernard Bosque

Ingrédients

— 1 épaule d'agneau de 1,600 kg avec os (à faire désosser)
— 6 aubergines de 250 g chacune
— 1 gros oignon
— 4 grosses tomates
— 50 g de persil, 1 feuille de laurier, 1 branche de thym
— le jus de 3 citrons
— 50 g de beurre
— 1/2 verre d'huile
— 1 feuille de papier sulfurisé
— sel, poivre

Le parfum de ce sauté
Vraiment vous saute au nez.

Préparation

- Découper l'épaule désossée en 8 morceaux.
- Hacher le persil et le gros oignon.
- Eplucher les tomates et les concasser grossièrement.
- Faire revenir les aubergines épluchées mais entières pendant 5 mn dans l'huile pour les ramollir.

- Faire fondre 50 g de beurre dans une cocotte, mettre les morceaux d'agneau, l'oignon, le persil, le thym, le laurier, saler et poivrer.
- Remuer pour faire suer la viande pendant 5 mn.
- Ranger les aubergines bien serrées, sur la viande.
- Parsemer avec les tomates concassées, arroser avec le jus des 3 citrons, saler, poivrer.
- Couvrir avec un papier sulfurisé mouillé pour bien le faire adhérer aux bords de la cocotte.
- Remettre le couvercle et laisser cuire à feu doux pendant 1 h 1/2.

Servir dans la cocotte.

```
« LA BUCHERIE »
41, rue de la Bucherie
75005 PARIS
Tél. (1) 354 24 52
```

MARINIÈRE DE BŒUF AUX ENDIVES ET AUX FINES HERBES

Le chef : Jacques Maximin

Ingrédients

— 600 g de contre-filet d'un seul morceau paré et ficelé
— 4 endives
— 1 botte de ciboulette, 1 botte de cerfeuil
— 1 botte d'estragon
— 2 échalotes
— 2 cuillères à soupe de moutarde
— 25 cl de crème liquide
— 1 filet de vin blanc
— 200 g de beurre
— 1 bouillon de bœuf en cube
— 2 l d'eau
— 1 carotte
— 1 poireau
— 1 branche de céleri
— 1 bouquet garni
— sel, poivre

Préparation

☐ Faire chauffer 2 l d'eau dans lesquels on ajoute, à l'ébullition : le bouquet garni, la carotte, le céleri, le poireau et le bouillon cube.
☐ Plonger le contre-filet et laisser cuire à petit-bouillon pendant 20 mn.
☐ Pendant la cuisson de la viande, tailler les endives en petits bâtonnets de la grosseur d'un doigt.
☐ Faire dorer les échalotes hachées dans le beurre, ajouter la moutarde, bien remuer, verser 25 cl du bouillon de cuisson et un filet de vin blanc, laisser réduire du tiers, ajouter la crème fraîche liquide, bien mélanger et cuire doucement pour épaissir la sauce, saler, poivrer.

☐ Ajouter au dernier moment la ciboulette, le cerfeuil et l'estragon hachés.
☐ Faire sauter les endives au beurre assez rapidement.

Dresser les endives dans un plat, ajouter la viande coupée en fines tranches, napper de sauce et servir.

```
« LE CHANTECLER »
37, Promenade des Anglais
       06000 NICE
    Tél. (93) 88 39 51
```

Comment reconnaître dans une poêle
Un endive mâle d'une endive femelle ?
Réponse : c'est impossible,
L'endive molle roussit et l'endive mou roussit.

PALERON MÉNAGÈRE

Le chef : Daniel Metery

> **Ingrédients**

— 1 paleron de 1 kg (coupé en gros dés)
— 1 gros oignon
— 20 petits oignons (cuire 10 mn dans l'eau salée et réserver)
— 400 g de carottes (coupées en gros bâtonnets)
— 200 g de navets (coupés en gros bâtonnets)
— 1/2 l de vin blanc sec
— bouquet garni
— 2 gousses d'ail
— 3 cuillères à soupe de farine
— 2 tomates fraîches
— persil haché
— huile d'arachide
— 1 bouillon cube
— gros sel
— sel, poivre

On peut toujours faire ce plat,
Même quand on n'a pas le rond !

Préparation

- Saler et poivrer la viande crue, la faire revenir en cocotte dans l'huile chaude 5 mn.
- Oter l'huile et ajouter le gros oignon coupé en dés, faire revenir, ajouter la farine, bien remuer pour enrober la viande et l'oignon, verser ensuite le vin blanc, ajouter les tomates entières, le bouquet garni et les 2 gousses d'ail hachées, compléter à hauteur avec du bouillon et de l'eau, mettre une pincée de gros sel.
- Couvrir et cuire 1 h doucement en remuant de temps en temps.
- Ajouter les carottes et les navets coupés en dés, laisser mijoter 5 mn, ajouter les petits oignons déjà cuits à l'eau.

Rectifier l'assaisonnement et saupoudrer d'un peu de persil haché avant de servir.

« LORD GOURMAND »
9, rue Lord Byron
75008 PARIS
Tél. (1) 359 07 27

AIGUILLETTES DE BŒUF AU VIEIL HERMITAGE

Le chef : Michel Chabran

Ingrédients

— *800 g à 1 kg de filet de bœuf*
— *1 bouteille d'hermitage rouge, millésimé ancien*
— *1 échalote grise hachée*
— *250 g de beurre*
— *1 l de fond de volaille (ou 1 l de bouillon en cube)*

Préparation

☐ Faire réduire doucement le fond de volaille et la bouteille d'hermitage afin d'obtenir 25 cl de sauce.

☐ Couper le filet en 4 tournedos, saler et poivrer et les cuire au beurre dans une sauteuse, (ils doivent rester saignants), les retirer et garder au chaud dans une assiette.

☐ Jeter le beurre de cuisson. Remettre une noix de beurre dans la sauteuse avec l'échalote finement hachée, cuire 3 à 4 mn, verser la sauce hermitage, laisser bouillir et ajouter doucement le beurre en parcelles, vérifier l'assaisonnement, passer la sauce au chinois.

Couper les tournedos dans l'épaisseur en fines lamelles, les disposer sur les assiettes, napper avec la sauce et servir aussitôt.

Des clients par milliers chez lui il en passe
Il en mérite vraiment Chabran des masses.

« MICHEL CHABRAN »
26600 PONT de l'ISERE
Tél. (75) 58 60 09

TOURNEDOS A L'ARROMANCHOISE

Le chef : Alain Ruelle

Ingrédients

— 4 tournedos
— 4 pommes fruits
— 1 cuillère à café de calvados
— 100 g de beurre
— 30 cl de crème fraîche
— 40 g de sucre
— sel, poivre

Préparation

☐ Eplucher les pommes, les épépiner, les couper en rondelles.
☐ Installer les rondelles en escalier dans un plat allant au four.
☐ Ajouter 10 g de sucre et 25 g de beurre par pomme, arroser d'eau à mi-hauteur et mettre le plat à four chaud 8 à 9 mn.

☐ Cuire les tournedos dans une poêle avec du beurre, une fois cuits, ôter la graisse de cuisson et flamber au calvados, réserver les tournedos au chaud.
☐ Mettre dans le jus de cuisson de la viande, le jus des pommes, la crème fraîche, saler, poivrer, bien remuer pour lier la sauce.

Servir les tournedos dans un plat chaud, les pommes autour et napper avec la sauce.

Tournez un tournedos
Et vous le verrez de face.

« LE DODIN GOURMAND »
17 chemin du Halage
95610 ERAGNY
Tél. (3) 464 16 20

ANDOUILLETTES BEAUJOLAISES

Le chef : Gérard Cortembert

Ingrédients

— 4 andouillettes de 150 à 200 g chacune
— 40 g de beurre
— 50 g d'échalotes hachées
— 1/2 l de vin blanc sec
— 1 cuillère à soupe de persil haché
— sel, poivre

Préparation

☐ Faire rôtir les andouillettes au four (thermostat 8, 250°) pendant 10 mn.
☐ Ajouter le beurre et les échalotes hachées, les faire blondir 5 mn.

☐ Ajouter le 1/2 l de vin blanc sec, (ou blanc beaujolais), ainsi que le persil haché.
☐ Laisser cuire 20 à 25 mn en arrosant souvent, saler et poivrer.

Servir dans un plat très chaud avec des pommes de terre cuites à l'eau.

Simple et facile à faire cette andouillette beaujolaise
Ce n'est pas pour autant que cette recette est niaise.

« AUBERGE DU CEP »
69820 FLEURIE-en-BEAUJOLAIS
Tél. (74) 04 10 77

LAMBEURÉE AUX CHOUX

Le chef : Jean Dumonet

Ingrédients

— 800 g de travers de porc demi-sel
— 500 g de poitrine demi-sel
— 1 gros chou
— 2 raves
— 500 g de pommes de terre
— 100 g de beurre
— sel, poivre

Préparation

☐ Cuire chaque légume séparément, dans des récipients différents.
☐ Mettre la poitrine demi-sel dans une casserole d'eau froide.
☐ Chauffer à feu doux 15 mn, mettre le travers de porc et laisser cuire 1 h.

☐ 15 mn avant de servir, rassembler dans une seule cocotte les légumes, la viande et 150 g de beurre, chauffer à feu très doux.

Servir en cocotte.

Mieux vaut prendre une lambeurée aux choux
Qu'une lente beurrée mon chou.

« JOSEPHINE »
117, rue du Cherche-Midi
75006 PARIS
Tél. (1) 548 52 40

CHOU FARCI A L'AUVERGNATE

Le chef : Bernard Fournier

Ingrédients

— 1 gros chou vert (frisé de préférence)
— 250 g de poitrine demi-sel
— 2 cuillères à soupe de farine
— 25 cl de crème fraîche
— 5 œufs
— 1/2 gousse d'ail, 1 échalote
— 1 pincée de muscade
— 2 côtes de blettes
— persil, cerfeuil et civette
— 1 barde de lard
— sel, poivre

Préparation

☐ Hacher très finement le persil, le cerfeuil, la civette, les feuilles vertes de blettes, l'ail et l'échalote.

☐ Hacher fin, au couteau, la poitrine demi-sel. Incorporer les herbes hachées.

☐ Lier cette farce avec la farine, la crème fraîche, sel, poivre, une pincée de noix de muscade, les œufs entiers mis 2 par 2, tourner toujours dans le même sens pour bien lier cette farce.

☐ Blanchir le chou à grande eau bouillante pendant 3 mn, l'égoutter.

☐ Préparer le fond d'une cocotte en déposant une grande barde de lard au fond, puis les grandes feuilles vertes du chou. Sur ce lit, mettre une couche de farce d'1 cm d'épaisseur, remettre une couche de feuilles de chou, puis une couche de farce et ainsi de suite terminer par une couche de feuilles de chou.

☐ Couvrir et cuire 2 h à four moyen (thermostat 6/7, 180°).

Après cuisson, démouler le contenu de la cocotte et servir très chaud.

« LE PETIT COLOMBIER »
42, rue des Acacias
75017 PARIS
Tél. (1) 380 28 54

Che chou là cha ch'est chûr
Che fait chans chouchis.

PETITS MIGNONS DE PORC A LA TAPENADE

Le chef : Michel Renvier

> **Ingrédients**

- 500 g de filet de porc (à faire préparer en petites noisettes par le boucher)
- 100 g d'olives noires (à la grecque)
- 1 cuillère à soupe d'échalotes hachées
- 1 cuillère à café de tomate concentrée
- 1 cuillère à soupe de vin blanc
- 20 cl de crème épaisse
- 1 feuille de basilic, de la ciboulette, 1 petite botte de persil, un peu de romarin
- 2 gousses d'ail
- 50 g de beurre
- 1 cuillère à soupe d'huile d'olive
- sel, poivre

Ne pas confondre :
Le mignon de porc qu'aimaient les braves bourgeois
Et le mignon du port qu'aimait bien Henri III.

Préparation

- Dénoyauter les olives, les passer au mixer, garder au frais.
- Assaisonner les mignons de porc et laisser mariner dans un plat creux pendant 2 h avec l'huile d'olive, l'ail écrasé et le romarin.
- Faire revenir pendant 10 mn les mignons de porc dans du beurre sur toutes les faces et garder au chaud.

- Mettre dans la poêle de cuisson des mignons, l'échalote hachée, le vin blanc, laisser bouillir 1 mn, ajouter la tomate concentrée, la crème, bien mélanger en fouettant.
- Ajouter à la sauce le beurre en morceaux, fouetter.
- Ajouter la ciboulette et le basilic ciselés, la purée d'olives, saler, poivrer.

Napper les filets mignons de la sauce et servir.

« JAMIN »
32, rue de Longchamp
75016 PARIS
Tél. (1) 704 24 53

AILLADE DE VEAU

Le chef : Christiane Massia

Ingrédients

— 800 g d'épaule de veau coupée en tranches assez épaisses (2 cm)
— 500 g de tomates passées en purée
— 60 g de beurre
— 8 gousses d'ail hachées
— de la mie de pain sec émiettée
— sel, poivre

Préparation

☐ Faire dorer dans une sauteuse les escalopes assez épaisses, sur feu moyen.

☐ Ajouter la mie de pain, la purée de tomates, saler, poivrer, ajouter l'ail haché et laisser cuire sur feu très doux pendant 30 mn.

Servir avec du riz.

« L'AQUITAINE »
54, rue de Dantzig
75015 PARIS
Tél. (1) 828 67 38

Comme accompagnement : des haricots, Massia !

CORSUS DE VEAU

Les chefs : Jean et Pierre Troisgros

Ingrédients

— 500 g de longe de veau ou de noix de veau
— graines de moutarde, ou une bonne cuillère à soupe de moutarde de Dijon, ou de grains de coriandre
— 1 cuillère à soupe de moutarde à l'estragon
— 50 g de beurre
— huile d'arachide
— vin blanc
— sel, poivre

Préparation

☐ Couper le veau à contre-sens en tranches fines (35 g environ), saler, poivrer.
☐ Poser chaque tranche entre 2 feuilles de papier sulfurisé et huilé, bien aplatir chaque tranche, retirer les feuilles après chaque opération.
☐ Saupoudrer chaque tranche de viande avec les grains de moutarde ou de coriandre.

☐ Faire sauter la viande (côté grains en premier) dans une poêle à fond épais. Cuire 1 mn de chaque côté.
☐ Garder la viande au chaud.
☐ Ajouter du vin blanc dans la poêle et un peu d'eau, réduire, ajouter une noix de beurre, saler, poivrer, une cuillère à soupe de moutarde, remuer.

Servir les tranches de veau nappées de sauce.

C'est facile, c'est pas cher
Ça peut vous rendre trois gros.

« HÔTELLERIE
DES FRÈRES TROISGROS »
Place de la Gare
42300 ROANNE
Tél. (77) 71 66 97

EMINCÉ DE JARRET DE VEAU AUX POINTES D'ASPERGES

Le chef : Guy Girard

Ingrédients

— 1,600 kg de jarret de veau
— 600 g de pointes d'aperges
— 100 g de carottes
— 150 g d'oignons nouveaux
— 1 branche de céleri (le blanc)
— 1 bouquet garni
— 2 gousses d'ail
— 2 verres de vin blanc fruité
— 1 cuillère à soupe de crème fraîche
— 1 jus de citron
— 2 verres d'eau
— 1 cuillère à soupe d'huile
— 80 g de beurre
— sel, poivre

Je préfère les jarrets de veau aux « jarrets d'autobus ».

Préparation

- Blanchir les asperges dans de l'eau salée bouillante.
- Aux trois quarts de la cuisson (environ 10 mn), les retirer et les égoutter.

- Faire dégorger le jarret désossé à l'eau froide pendant 1 h.
- Couper les carottes et le céleri en petits bâtonnets.
- Mettre à chauffer 1 cuillère d'huile et 80 g de beurre dans une cocotte, y déposer le jarret, les petits légumes, le bouquet garni, saler, poivrer, ajouter le jus d'un citron et faire cuire tout doucement à couvert pendant 10 mn.
- Vérifier la cuisson avec la lame d'un couteau. S'il est cuit, la lame s'enfonce très facilement.
- Oter le jarret, les légumes, tenir au chaud.
- Dans le jus restant, ajouter la crème fraîche, ainsi que les asperges qui finiront de cuire dans le jus pendant 5 à 6 mn.

Couper le jarret en tranches fines. Remettre les légumes dans la sauce avec les asperges et en napper les tranches de viande avant de servir.

« LE PETIT COIN
DE LA BOURSE »
16, rue Feydeau
75001 PARIS
Tél. (1) 508 00 08

MÉDAILLONS DE VEAU A LA CRÈME D'AVOCATS ET AU ZESTE DE CITRON

Le chef : Alain Senderens

Ingrédients

— 4 médaillons de veau pris dans le filet (2 cm d'épaisseur)
— 1/2 avocat
— 30 cl de crème (double)
— 2 citrons
— beurre
— sel, poivre

Préparation

☐ Enlever le zeste de citron que l'on taille en julienne (bâtons longs), les mettre à l'eau froide dans une casserole.
☐ Au premier bouillon, enlever et passer à l'eau froide, égoutter et laisser de côté.
☐ Ecraser la pulpe du 1/2 avocat à la fourchette, ajouter le jus d'1/2 citron (pour empêcher de noircir).
☐ Cuire à la poêle la viande, préalablement salée et poivrée, 3 mn de chaque côté.

☐ Jeter le gras de cuisson, mettre une cuillère à soupe d'eau dans la poêle et gratter les sucs de la viande, ajouter les 30 cl de crème, saler, poivrer, laisser réduire de moitié, puis mettre la purée d'avocat, remuer, goûter et au besoin, rectifier l'assaisonnement.
☐ Passer la sauce au chinois, la verser sur les côtes ou médaillons, ajouter les zestes de citron.

Servir avec du riz ou des pâtes fraîches.

```
« L'ARCHESTRATE »
84, rue de Varenne
75007 PARIS
Tél. (1) 551 47 33
```

Une crème d'avocat :
Dans l'assiette c'est peu banal
Mais encore moins au tribunal.

MÉDAILLONS DE VEAU AU GINGEMBRE FRAIS

Le chef : Jacques Cagna

Ingrédients

— 600 g de filet de veau (paré par le boucher et coupé en 8 morceaux)
— 1/2 verre de porto
— 1 cuillère à soupe de vin blanc
— 40 cl de crème fraîche
— 30 g de beurre
— 2 cuillères à soupe d'huile d'arachide
— 1 botte de ciboulette
— 1/2 verre de lait
— 1 grosse échalote
— 1 racine de gingembre frais de 60 g (épicerie fine)
— sel, poivre

Préparation

☐ Eplucher le gingembre avec un couteau économe et le couper en bâtonnets très fins. Mettre ce gingembre dans une casserole, recouvrir avec un peu de lait, porter à ébullition, puis laisser mijoter sur feu doux pendant 1 h à 1 h 30. Au besoin ajouter de l'eau pour compenser l'évaporation.

☐ Dans une sauteuse, mettre le beurre et l'huile, faire chauffer et y mettre les médaillons préalablement salés et poivrés, faire cuire vivement des 2 côtés, jusqu'à belle coloration (2 mn environ) et mettre de côté.

☐ Mettre l'échalote hachée dans la sauteuse, laisser fondre, sans faire colorer, flamber ensuite avec le porto, mouiller avec le vin blanc et laisser réduire jusqu'à sec.

☐ Ajouter le gingembre et la crème fraîche, laisser réduire d'un tiers, rectifier l'assaisonnement.

Servir les médaillons nappés de sauce et saupoudrés de ciboulette hachée, accompagnés de pâtes fraîches.

« JACQUES CAGNA »
14, rue des Grands Augustins
75006 PARIS
Tél. (1) 326 49 39

Attention !
Le gingembre frais
Fait toujours de l'effet.

GRENADINS DE VEAU A L'ANCIENNE

Le chef : André Parra

Ingrédients

- 800 g de filet mignon de veau (appelé grenadin)
- 40 cl de crème double
- 100 g d'échalotes finement hachées
- 1 cuillère à soupe de marc de Corton
- 1 verre de blanc de Bourgogne ou vin blanc sec
- 20 g de moutarde à l'ancienne
- farine
- 50 g de beurre
- 2 cuillères à soupe d'huile d'olive
- tabasco
- sel, poivre

Préparation

☐ Couper les grenadins en 4 tranches égales, saler, poivrer et fariner chaque morceau.
☐ Faire dorer la viande au beurre et à l'huile, dans une sauteuse, 8 à 10 mn. Une fois dorés, retirer les grenadins et garder au chaud.

Ajouter dans la sauteuse : 1 cuillère d'échalotes finement hachées, remettre les grenadins, flamber au marc, ajouter le vin blanc et faire réduire de moitié à feu doux.

☐ Ajouter la crème fraîche, remuer pour lier et mettre la moutarde dans la sauce hors du feu, rectifier l'assaisonnement en ajoutant une pointe de sauce tabasco.

Servir très chaud avec un riz blanc.

L'auteur de ce plat jamais sur rien ne bute,
On ne peut donc dire qu'André Parra chute.

```
« L'ERMITAGE DE CORTON »
         N 74
     21200 BEAUNE
   Tél. (80) 22 05 28
```

SUPRÊME DE VEAU A L'IRLANDAISE

Le chef : Marie Nael

Ingrédients

— 400 g de veau (de la noix), coupé en 4 morceaux
— 4 fines tranches de poitrine fumée coupées en 3 lamelles dans le sens de la longueur
— 6 tranches de chester coupées en 2
— 30 g de beurre
— 2 grosses cuillères à soupe de crème fraîche
— 1 bouillon cube
— 1 bouchon de whisky
— 1 zeste d'orange
— sel, poivre

Préparation

☐ Faire 3 entailles horizontales dans l'épaisseur de chaque morceau de veau.
☐ Introduire un morceau de poitrine et un morceau de chester dans chaque entaille.
☐ Faire revenir le veau dans une cocotte beurrée, cuire à feu doux et à couvert 8 mn.
☐ Ajouter le whisky et le bouillon cube dilué dans un verre d'eau.
☐ Retirer la viande au premier bouillon et garder au chaud.
☐ Ajouter la crème fraîche au jus et réduire d'un tiers, saler et poivrer.

Mettre la viande dans un plat, napper de sauce et ajouter, avant de servir, le zeste d'orange.

On se dépayse avec ce plat,
C'est une vraie balade... irlandaise.

« LE BEAUJOLAIS D'AUTEUIL »
99, Bd de Montmorency
75016 PARIS
Tél. (1) 743 03 56

DAUBE DE MANCHONS DE CANARD

Le chef : André Daguin

> **Ingrédients**

— 12 manchons de canard (demander au volailler de repousser la chair de l'aile le long de l'os)
— 3 tomates
— 1 poireau
— 2 navets
— 2 carottes
— 2 oignons
— 4 gousses d'ail
— 1 brin d'estragon
— 1/2 bouteille de vin rouge corsé (madiran)
— 25 cl de crème (double)
— huile
— sel, poivre

A l'aube le manchot
Prépara les manchons
C'était un bon machon
Pour le gentil matcho.

Préparation

☐ Laver et couper grossièrement tous les légumes.
☐ Mettre les manchons salés et poivrés dans une sauteuse préalablement graissée, faire dorer sur feu moyen en éliminant au fur et à mesure le gras de cuisson. Après 10 mn ajouter tous les légumes, les faire colorer pendant 10 mn.

☐ Ajouter le vin rouge, couvrir la sauteuse d'un papier d'aluminium, mettre au four, (thermostat 4/5, 150°) et laisser mijoter plusieurs heures.

☐ Avant de servir, garder les manchons au chaud et passer tous les légumes et le fond de cuisson au mixer, ajouter de la crème fraîche, laisser cuire 10 mn environ.

Servir les manchons dans un plat chaud accompagnés de la purée de légumes.

« HÔTEL DE FRANCE »
Place de la Libération
32000 AUCH
Tél. (62) 05 00 44

POT-AU-FEU DE CUISSES DE CANARD

Le chef : Jean-Paul Lacombe

Ingrédients

- 4 cuisses de canards
- 2 cuillères de graisse d'oie
- 1 fond de volaille en cube
- 4 carottes
- 4 navets
- 4 poireaux
- 4 pommes de terre
- 1 céleri-rave
- 4 branches de céleri
- 1 vinaigrette, cornichons, gros sel
- sel, poivre

Préparation

☐ Saler et poivrer les cuisses de canard. Dans une sauteuse, faire chauffer la graisse d'oie de façon à faire bien saisir la peau du canard, laisser dorer les cuisses 2 mn de chaque côté, retirer et réserver.

☐ Préparer le fond de volaille, en diluant dans 1,5 l d'eau un cube tout préparé. Après ébullition, baisser le feu et ajouter les cuisses dorées, laisser frémir.
☐ Ecumer assez souvent pendant 10 mn.

□ Couper les légumes en morceaux et aprés 10 mn de cuisson des cuisses, les ajouter dans la cocotte, en commençant par les carottes, ensuite les navets, puis les poireaux, les pommes de terre et en dernier le céleri (cette opération demande quelques minutes car les légumes n'ont pas le même temps de cuisson).
□ Laisser cuire à feu doux le pot au feu 15 à 20 mn.

Servir chaud en mettant sur la table du gros sel, des cornichons et une vinaigrette tiède.

« LEON DE LYON »
1, rue Pleney
69001 LYON
Tél. (7) 828 11 33

Blague dans le coin... coin,
Ce canard est une merveille.

RÔTI DE DINDE AUX CAROTTES ET AUX OIGNONS

Les chefs : Gaston et Gérard Boyer

Ingrédients

— 1 rôti de dinde de 800 g
— 500 g de carottes
— 20 petits oignons
— 60 g de beurre
— 1/2 verre de vin blanc sec
— 1 verre d'eau
— 1 petite brindille de thym
— 1/2 feuille de laurier
— sel, poivre

Préparation

☐ Eplucher les carottes, les couper en rondelles d'un 1/2 cm d'épaisseur.
☐ Eplucher les oignons.
☐ Mettre le beurre dans une cocotte, poser le rôti et le faire dorer de tous côtés. Réservez-le.
☐ Mettre les oignons dans la cocotte, les faire dorer doucement, les retirer et garder au chaud.

☐ Mettre les carottes dans la cocotte, les faire dorer lentement, lorsque les carottes sont dorées, poser le rôti de dinde dessus avec le jus qu'il aura rendu.

☐ Mouiller avec le vin blanc et l'eau à mi-hauteur du rôti, ajouter le thym, le laurier, saler, poivrer, porter à ébullition ; au premier bouillon réduire le feu, couvrir et laisser mijoter 1 h 15. Retourner une fois le rôti à mi-cuisson.

☐ Ajouter les oignons 15 mn avant la fin de la cuisson.

☐ Sortir le rôti, faire réduire la sauce d'un tiers, vérifier l'assaisonnement, couper le rôti en tranches, napper avec la sauce et les légumes.

On peut accompagner ce plat, de nouilles au beurre.

```
« BOYER »
184, avenue d'Epernay
51100 REIMS
Tél. (26) 06 08 60
```

Vous serez très surpris quand
Vous entendrez la dinde à Boyer.

FAISAN EN CHARTREUSE

Le chef : François Benoist

Ingrédients

— 1 poule ou 1 coq faisan (bardé de lard)
— 1 saucisson de Lyon à cuire
— 1 saucisson de Morteau
— 4 tranches de poitrine demi-sel
— 1 chou vert
— 200 g de carottes
— 4 gousses d'ail
— 1 oignon piqué d'un clou de girofle
— 100 g de barde de lard

Préparation

☐ Faire blanchir le chou 5 mn dans une casserole d'eau bouillante salée, égoutter, le couper en quatre puis l'émincer grossièrement.

☐ Garnir le fond d'une cocotte avec la barde coupée en dés, disposer le chou, les carottes entières, les gousses d'ail épluchées, l'oignon piqué du clou de girofle, la poitrine demi-sel coupée en dés, mettre les saucissons de Lyon et de Morteau, assaisonner très légèrement.

☐ Couvrir la cocotte et la mettre au four 1 h 30 à 2 h à feu moyen.
☐ A mi-cuisson, ajouter la poule faisane ou le coq bardé de lard, que l'on aura auparavant saisi dans une poêle, à feu vif (pour qu'il se colore).

☐ Après la cuisson, couper la poule ou le coq en quatre et le garder au chaud.
☐ Couper les saucissons en grosses rondelles et garder au chaud.
☐ Sortir et égoutter le chou.
☐ Sortir et couper en gros morceaux les carottes.

Dresser les légumes, le gibier et le saucisson sur un plat et napper le tout du jus de cuisson.

« CHEZ LES ANGES »
54, Bd de la Tour-Maubourg
75007 PARIS
Tél. (1) 705 89 86

*Après avoir mangé ce plat
On est vraiment aux anges !*

CUL ET RÂBLE DE LAPEREAU BRAISÉ A LA FONDUE D'OIGNONS NOUVEAUX

Le chef : Jean Ramet

Ingrédients

- 1 lapereau de 1,500 kg (coupé en morceaux)
- 3 carottes
- 3 gros oignons nouveaux
- 1 botte de petits oignons nouveaux
- 1 bouquet garni
- 1/2 litre de vin blanc
- 1 cuillère à soupe d'huile d'olive
- 1 gousse d'ail
- 20 cl de crème (double)
- 150 g de beurre
- sel, poivre, 1 pincée de sucre

Préparation

La veille
☐ Mettre à macérer le râble et les cuisses du lapereau (garder le reste pour un autre plat) avec le vin blanc, l'huile d'olive, la gousse d'ail, les carottes émincées, les 3 gros oignons et le bouquet garni.

Le jour de la cuisson
☐ Egoutter le lapereau, faire blondir la garniture (carottes, oignons, gousse d'ail) dans une sauteuse, ajouter les morceaux de lapereau préalablement salés et poivrés, faire dorer 3 mn seulement, puis mettre à four chaud, (thermostat 7/8, 240°) pour braiser 7 à 8 mn.
☐ Enlever le lapereau, garder au chaud.

- Ajouter au jus de cuisson le vin blanc de macération, laisser réduire de moitié, ajouter la crème fraîche, porter à ébullition, puis passer cette sauce au chinois faire réduire à nouveau, ajouter les 130 g de beurre en parcelles en fouettant, vérifier l'assaisonnement.

- Faire revenir quelques minutes les petits oignons nouveaux dans 30 g de beurre, ajouter un peu d'eau et une pincée de sucre, faire dorer encore 5 à 6 mn.

Servir les morceaux de lapereau entourés des petits oignons dorés. Napper de sauce.

```
« LE CHAPON FIN »
5, rue Montesquieu
33000 BORDEAUX
Tél. (56) 44 76 01
```

Si vous réussissez bien la fondue
Ça ne vous coûtera pas lapereau du...

LAPEREAU SAUTÉ A LA CRÈME DE CRESSON

Le chef : Jacque Lameloise

Ingrédients

— 1 lapereau de 1,700 kg (coupé en morceaux)
— 100 g d'échalotes
— 1 verre de vin blanc sec
— 1/2 litre de fond de volaille (en cube)
— 50 g de beurre
— 20 cl de crème (double)
— 1 botte de cresson
— 1 bouquet garni
— 1 gousse d'ail
— 1/2 verre d'huile
— sel, poivre du moulin

Préparation

☐ Ciseler finement les échalotes, les réserver.
☐ Mettre à chauffer dans une cocotte 50 g de beurre et le 1/2 verre d'huile, assaisonner les morceaux de lapereau avec du sel et du poivre du moulin.
☐ Saisir les morceaux dans la matière grasse en les faisant revenir sur chaque face (l'opération dure 3 à 4 mn).
☐ Egoutter entièrement la graisse et ajouter les échalotes, faire suer 2 à 3 mn sur feu doux, puis déglacer avec le vin blanc sec et laisser réduire de moitié. Mouiller avec le fond de volaille. Ajouter un bouquet garni et une gousse d'ail.
☐ Laisser cuire à couvert entre 40 et 50 mn.

☐ Pendant ce temps, préparer la mousse de cresson.
☐ Blanchir le cresson 2 à 3 mn dans de l'eau bouillante. Le rafraîchir et bien égoutter, le passer dans une moulinette, laisser de côté.
☐ Quand le lapereau est cuit, sortir les morceaux, les réserver.

☐ Faire réduire de moitié le jus de cuisson, ajouter ensuite la crème double, faire réduire, vérifier l'assaisonnement et avant de servir, incorporer la purée de cresson. Bien mélanger.

Mettre la sauce dans un plat chaud, disposer les morceaux de lapereau et servir.

« LAMELOISE »
Place d'Armes
71150 CHAGNY
Tél. (85) 87 08 85

« *Le lapereau était mort,*
Mais il sautait encore. »
Signé : Confucius.

ÉTUVÉE DE LAPIN A LA MENTHE POIVRÉE

Le chef : Gérard Vérane

Ingrédients

— 1 lapin de 1 kg
— 2 échalotes
— 1 oignon
— 4 gousses d'ail
— 1/2 verre de noilly (vermouth ou martini blanc)
— 2 verres de bouillon en cube
— 3 brins de menthe hachés
— 2 noix de beurre (40 g)
— 1 paquet de nouilles fraîches
— sel, poivre en grains concassés (1 cuillère à café)

Préparation

☐ Faire dorer les morceaux dans une cocotte légèrement huilée.
☐ Ajouter les échalotes hachées, ainsi que l'oignon et l'ail hachés.
☐ Faire revenir, et mouiller avec le 1/2 verre de noilly, faire flamber, ajouter le bouillon, le sel, le poivre concassé, les brins de menthe hachés, laisser cuire 3/4 d'h.

☐ Sortir les morceaux de lapin et passer la sauce, la faire réduire de moitié, ajouter 2 noix de beurre pour lier.

Servir la sauce sur les morceaux de lapin, accompagnés de pâtes fraîches.

De la menthe et du poivre,
Voilà un plat idéal pour les chauds lapins !

« LE COMTE DE GASCOGNE »
89, av. Jean-Baptiste Clément
92100 BOULOGNE
BILLANCOURT
Tél. (1) 603 47 27

FRICASSÉE DE LAPIN AU BASILIC

Le chef : Jacques Manière

Ingrédients

— 1 lapin de 1,400 kg environ (en 8 morceaux)
— 1 grosse tomate pelée, épépinée
— 2 cuillères à soupe de basilic ciselé
— 16 petits oignons nouveaux
— 2 gousses d'ail écrasées
— 150 g de poitrine demi-sel coupée en dés
— 1 verre de vin blanc sec
— 2 cuillères à soupe d'huile d'olive
— ou 1/2 cuillère à soupe d'huile d'arachide et du beurre
— sel, poivre

Préparation

☐ Mettre l'huile d'olive et les morceaux de lapin dans une sauteuse.
☐ Ajouter les lardons, laisser blondir 4 à 5 mn.
☐ Ajouter les petits oignons, les faire dorer 5 mn.
☐ Oter le gras de cuisson.
☐ Mettre l'ail écrasé, la tomate et le basilic.
☐ Faire fondre légèrement.
☐ Mouiller avec le vin blanc, saler, poivrer.

☐ Baisser le feu, couvrir, et faire mijoter 35 à 40 mn.
☐ Vérifier la cuisson du lapin en le piquant, il ne doit plus saigner.

Servir avec des légumes de saison.

Sans fric assez, vraiment, ne faites pas de Manière,
Mieux vaut poser lapin que rincer la soupière.

« DODIN BOUFFANT »
25, rue F. Sauton
75005 PARIS
Tél. (1) 325 25 14

LAPIN A LA RHUBARBE

Le chef : Robert Favre

> **Ingrédients**

— 1 lapin (bien en chair de 1,800 kg coupé en morceaux)
— 150 g de lard frais
— 1 oignon
— 1 carotte
— 1 bouquet garni
— 1 verre de jus de veau
— 1/2 verre de vin blanc sec
— 10 croûtons taillés en forme de cœur frits au beurre
— 1 kg de rhubarbe
— 100 g de sucre
— 100 g de beurre

Petite contrepèterie
Un lapin à rhubarbe fleurie.

Préparation

☐ Effeuiller, éplucher et couper la rhubarbe en bâtonnets de 8 à 10 cm de long.
☐ Mettre dans une sauteuse à feu vif 100 g de beurre, faire étuver les bâtonnets de rhubarbe 15 mn, ajouter le sucre à mi-cuisson.
☐ Faire réduire jusqu'à consistance de compote et réserver au chaud.

☐ Faire fondre le lard coupé en petits morceaux dans un sauteuse, mettre les morceaux de lapin et les faire rissoler à feu vif pour obtenir une belle coloration dorée, ajouter alors : le bouquet garni, les oignons et la carotte coupés grossièrement, couvrir et mettre à feu doux pendant 35 mn.

☐ Retirer le lapin et mouiller le fond de la sauteuse avec le vin blanc et le jus de veau, laisser réduire légèrement.

Servir le lapin nappé de la sauce, ajouter les petits croûtons frits au beurre, mettre la compote de rhubarbe à part.

« LA DILIGENCE »
74160 ST-JULIEN-en-GENEVOIS
Tél. (50) 49 07 55

PINTADE RÔTIE A LA MOELLE ET AU VIN ROUGE

Le chef : Pascal Daguet

Ingrédients

— 1 pintade de 1,300 kg (prête à rôtir, vidée et bridée)
— 2 gros os à moelle (demander au boucher d'ôter la moelle de l'os)
— 1/2 bouteille de vin rouge (fort en tanin)
— 2 échalotes
— 1 gousse d'ail
— 1 tomate
— 300 g de beurre
— 1/2 verre d'huile
— persil et 1 pincée de sucre
— sel, poivre.

Préparation

☐ Saler et poivrer l'intérieur de la pintade.
☐ Faire chauffer le four (thermostat 8, 240°). Lorsque le four est chaud, mettre la pintade à cuire sur une plaque huilée 20 mn.

☐ Verser le 1/2 l de vin rouge dans une casserole, mettre les échalotes et l'ail hachés, les tomates coupées en quartiers, la pincée de sucre, le poivre, porter à ébullition et réduire presqu'à sec (1 mn environ).
☐ Mettre à feu doux cette réduction et y incorporer le beurre en morceaux, en remuant au fouet. Une fois le beurre incorporé, filtrer la sauce à l'aide d'une passoire fine et tenir au chaud au bain-marie.

☐ Mettre la moelle coupée en rondelles fines dans de l'eau froide et porter à ébullition, retirer au premier bouillon.

Servir la pintade à la sortie du four, coupée en quatre, nappée de sauce, décorée avec les rondelles de moelle et saupoudrée de persil haché.

« LE GALANT VERRE »
12, rue de Verneuil
75007 PARIS
Tél. (1) 260 84 56

*Pour avoir à coup sûr une bonne pintade,
Il ne faut l'arroser d'une p'tite pinte fade.*

POULET A L'OIGNON

Le chef : Jean-Pierre Descat

Ingrédients

— 1 poulet de 1,500 kg coupé en morceaux
— 1,500 kg d'oignons
— 3 gousses d'ail
— 1 verre de vin blanc sec
— 1 branche de thym
— 4 cuillères à soupe de graisse d'oie ou d'huile
— 1 cuillère à soupe de persil haché
— 8 pommes de terre
— sel, poivre

Préparation

☐ Peler les oignons, les émincer en tranches d'1/2 cm.
☐ Peler les pommes de terre et les cuire à l'eau ou à la vapeur.

☐ Verser la matière grasse dans la cocotte, jeter ensemble poulet, oignons, ail et thym, saler et poivrer, laisser cuire à découvert 5 à 6 mn à feu vif, en remuant souvent.
☐ Ajouter le vin blanc, réduire le feu, couvrir et laisser cuire environ 20 mn.

Dresser sur un plat, entourer de pommes vapeur et parsemer de persil.

Je préfère, disait le commissaire :
« Un poulet à l'oignon qu'un poulet à lorgnon.
Voilà qui est clair. »

« LOU LANDES »
157, avenue du Maine
75014 PARIS
Tél. (1) 543 08 04

AILES DE VOLAILLE A LA FAÇON DES GRENOUILLES

Le chef : Jean-Claude Schneider

Ingrédients

— 1 kg d'ailes de volaille
— 200 g de beurre
— 15 g d'ail (haché finement)
— 20 g d'échalotes (hachées finement)
— 20 g de persil (haché finement)
— sel, poivre du moulin

Préparation

☐ Hacher très finement et séparément, l'ail, les échalotes et le persil.
☐ Passer à la flamme chaque aile de poulet, couper leur pointe et les couper en deux à l'articulation.

☐ Faire fondre le beurre (sans le faire revenir) dans une sauteuse, y mettre les ailes et laisser cuire 20 à 25 mn sur feu doux, car il faut à aucun moment que le beurre ne roussisse.
☐ 5 mn avant la fin de la cuisson, mettre les échalotes dans la sauteuse et remuer. Juste avant de servir, ajouter le persil. Bien mélanger, et ajouter l'ail.

Servir avec du riz.

Ces ailes à la manière grenouilles
Je croa que c'est de la bonne tambouille.

```
« AUBERGE St-WALFRIED »
   57200 SARREGUEMINES
      Tél. (8) 798 43 75
```

GIGUE DE POULETTE AU SAUTERNES

Le chef : Michel Brunetière

Ingrédients

- 4 cuisses de poulette (farinées)
- 300 g de carottes coupées en bâtonnets
- 300 g de navets coupés en bâtonnets
- 150 g de petits oignons
- les zestes de 2 oranges
- 50 g de beurre
- 1 cuillère à soupe d'huile
- le jus de 2 oranges
- 1/2 bouteille de sauternes
- farine
- 25 cl de crème fraîche
- sel, poivre.

Le soir au dancing :
« Avec les cuisses que tu as ma poulette
Tu dois savoir danser la gigue ?
Non mais vous me prenez pour une cocotte ! »

Préparation

- Mettre les cuisses de poulette farinées dans l'huile et le beurre chauffés dans une cocotte, saler, poivrer, laisser colorer légèrement à feu doux.
- Ajouter les carottes, les navets coupés en bâtonnets.
- Ajouter les oignons préalablement ébouillantés.
- Faire suer les légumes pendant 5 mn.

- Verser le sauternes et le jus de 2 oranges dans la cocotte, laisser réduire 5 mn à feu vif. Le jus doit réduire des deux-tiers.

- Ajouter la crème fraîche et les zestes des oranges.
- Couvrir à demi et laisser mijoter à feux doux 20 mn.

Servir avec du riz en accompagnement.

« SULLY D'AUTEUIL »
78, rue d'Auteuil
75016 PARIS
Tél. (1) 650 71 18

VOLAILLE DE BRESSE AUX CHAMPIGNONS

Le chef : Jean-Pierre Lacombe

Ingrédients

— 1 volaille de 1,600 kg ou 1 poulet coupé en 8 morceaux
— 600 g de champignons de toutes sortes (cèpes, mousserons, rosés, trompettes)
— 1 noix de beurre
— sel, poivre

Préparation

☐ Mettre dans une poêle les morceaux de volaille dans un peu de beurre, saler, poivrer, les faire blondir, les enlever et les réserver.

☐ Mettre les champignons dans la poêle, leur faire rendre leur eau, saler, poivrer.
☐ Remettre les morceaux de volaille sur les champignons couvrir et cuire 10 à 15 mn sur feu moyen.
☐ Enlever les champignons et la volaille, garder au chaud.

☐ Réduire de moitié le jus, remettre les champignons et la volaille, ajouter une noix de beurre frais.

Servir aussitôt.

« LEON DE LYON »
1, rue Pleney
69001 LYON
Tél. (7) 828 11 33

Quelle belle « carte de Bresse ».

FOIE DE VEAU A LA JULIENNE DE BETTERAVE ROUGE

Le chef : Alain Roussingue

Ingrédients

— 4 tranches de foie de veau
— 400 g de betterave rouge cuite
— 2 échalotes
— 1 verre de vin rouge (côtes du Rhône)
— 150 g de beurre
— vinaigre
— 1 cuillère à soupe de ciboulette hachée
— sel, poivre

Préparation

☐ Peler la betterave, la couper en fines rondelles puis la tailler en petits bâtonnets.
☐ Hacher finement les échalotes.
☐ Dans une poêle faire fondre 50 g de beurre jusqu'à couleur noisette, mettre les tranches de foie de veau, saler et poivrer sur les 2 faces, cuire à feu moyen (selon le goût), environ 4 mn.
☐ Tenir au chaud.
☐ Jeter le beurre de cuisson et dans cette même poêle mettre l'échalote et le vinaigre, laisser frissonner et ajouter le vin, faire bouillir, laisser réduire. Y incorporer ensuite 100 g de beurre par petits morceaux, saler et poivrer, ajouter la julienne de betterave, mélanger.

Pour servir, poser le foie sur des assiettes chaudes, ajouter la julienne et la sauce ; parsemer de ciboulette.

La betterave rouge c'est comme les petits oiseaux,
Il faut qu'elle soit cuite... cuite... cuite...
(Au nid soit qui mal y pense).

« LE CORVETTO »
6, rue Corvetto
75008 PARIS
Tél. (1) 293 68 86

ROGNONS DE VEAU AU BASILIC

Le chef : Jacques Pic

Ingrédients

— 2 rognons de veau dégraissés
— 1 branche de basilic frais
— 1/2 verre de vin blanc
— 1 cuillère à soupe de moutarde
— 20 cl de crème fraîche
— 1 échalote finement hachée
— sel, poivre

Préparation

☐ Couper les rognons en lamelles minces, saler et poivrer.
☐ Faire sauter les rognons au beurre dans une poêle sur feu vif 2 ou 3 mn en les retournant.
☐ Les retirer et tenir au chaud.

☐ Dégraisser la poêle et faire ensuite revenir l'échalote finement hachée, mouiller au vin blanc et réduire de moitié.
☐ Ajouter la crème fraîche et la moutarde, amener à ébullition.

☐ Rectifier l'assaisonnement et ajouter le basilic haché finement.
☐ Arrêter la cuisson et verser la sauce sur les rognons.

Servir aussitôt.

L'accueil certes chez Pic sert à briser la glace,
Personne ne pourra dire qu'un seul chez « Pic agace ».

« PIC »
285, avenue Victor Hugo
26000 VALENCE
Tél. (75) 44 15 32

ROGNONS FLAMBÉS AU NOILLY

Le chef : René Laveille

Ingrédients

— 12 rognons d'agneau ou 2 rognons de veau
— 130 g de beurre
— 6 cuillères à soupe de noilly
— 1 cuillère à soupe de moutarde forte
— farine
— sel, poivre

Préparation

☐ Emincer les rognons en fines lamelles, les fariner légèrement.
☐ Mettre 100 g de beurre dans une poêle, faire revenir les rognons à feu vif pendant 5 mn, saler et poivrer.

☐ Déglacer les rognons avec 6 bonnes cuillerées de noilly, laisser chauffer et flamber. Laisser réduire 3 mn, incorporer 1 cuillère à soupe de moutarde forte, bien délayer.
☐ Ajouter hors du feu une noix de beurre. Bien mélanger à la sauce et servir.

On accompagne ces rognons de pâtes fraîches.

Un curé gourmand me dit un jour :
« Je préfère les rognons de veau
Aux paroles des grognons dévots. »

« LA MÈRE BRAZIER »
12, rue Royale
69001 LYON
Tél. (7) 828 15 49

ROGNONNADE DE VEAU

Le chef : Edouard Carlier

Ingrédients

- 2 escalopes de veau de 150 g chacune (grandes et très fines)
- 2 rognons de veau entiers et dégraissés
- 1 petite crépine
- 1 verre de xérès
- 100 g de farce fine
- 1 jaune d'œuf
- 1 cuillère à soupe de jus de truffes (en boîte)
- 200 g d'épinards
- 60 g de beurre
- 2 échalotes
- sel et poivre du moulin

Préparation

☐ Mélanger intimement la farce fine, le jaune d'œuf, le jus de truffes, sel et poivre.

☐ Tartiner de farce les escalopes posées bien à plat, déposer le rognon et rouler les escalopes, de façon à entourer entièrement le rognon. Bien entourer l'escalope de crépine et ficeler, en forme de petit rôti.

☐ Mettre le beurre et les échalotes dans une cocotte à feu doux, faire dorer les rognonnades 5 mn doucement, déglacer avec le verre de xérès et laisser cuire 10 mn à feu moyen.

☐ Bien laver les épinards, les éplucher, ne garder que les feuilles, les mettre dans une cocotte avec du beurre, couvrir et laisser cuire quelques minutes.

Servir les rognons coupés en médaillons sur un lit d'épinards, napper de sauce.

« BEAUVILLIERS »
52, rue Lamarck
75018 PARIS
Tél. (1) 254 19 50

*Ces beaux rognons de veau traités en rognonnade,
C'est, je vous l'assure, une vraie régalade.*

PÂTES, FROMAGES, DESSERTS

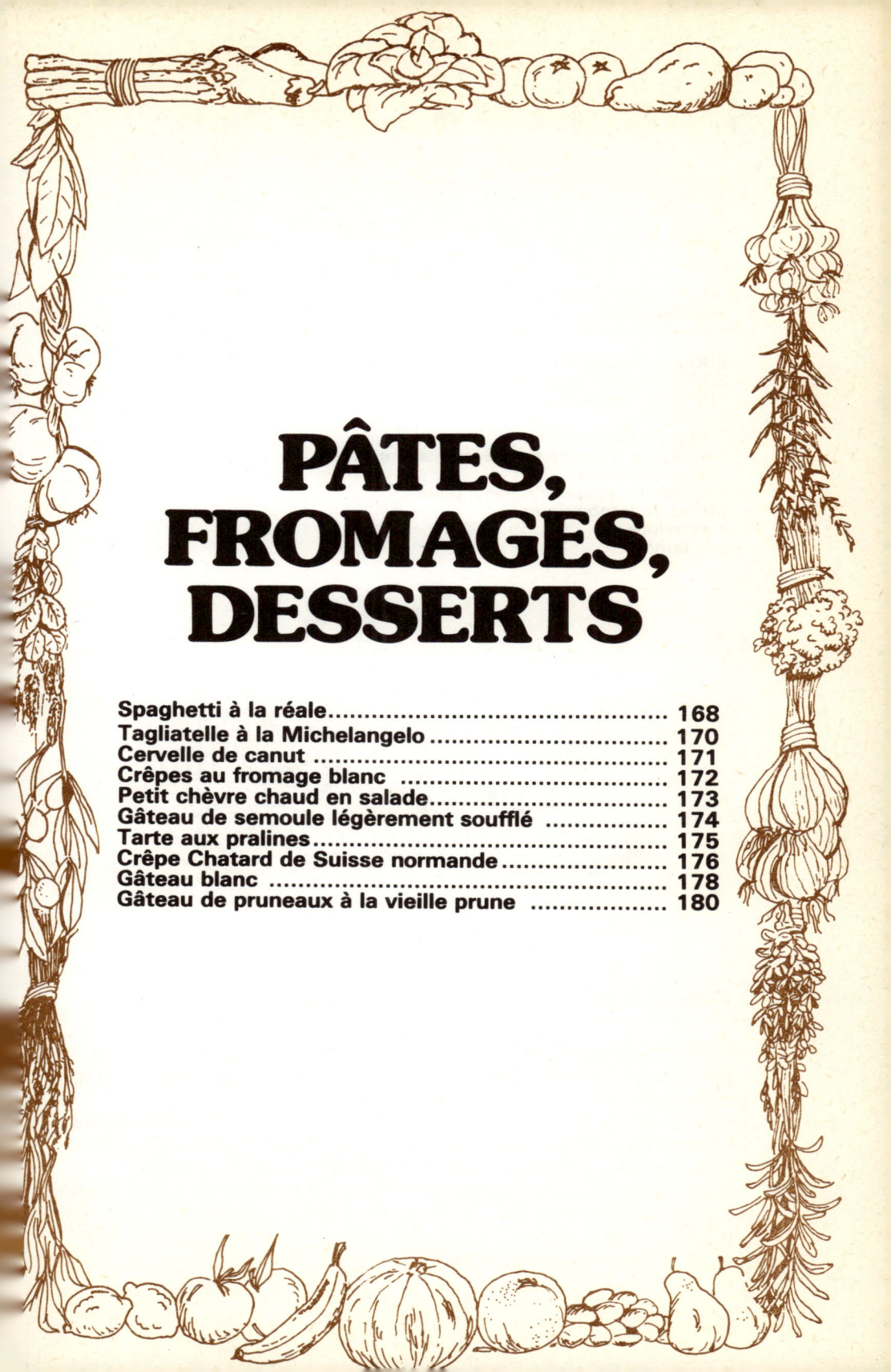

Spaghetti à la réale **168**
Tagliatelle à la Michelangelo **170**
Cervelle de canut **171**
Crêpes au fromage blanc **172**
Petit chèvre chaud en salade **173**
Gâteau de semoule légèrement soufflé **174**
Tarte aux pralines **175**
Crêpe Chatard de Suisse normande **176**
Gâteau blanc **178**
Gâteau de pruneaux à la vieille prune **180**

SPAGHETTI A LA RÉALE

Le chef : Jean Forno

Ingrédients

— 600 g de spaghetti
— 200 g de champignons de Paris
— 100 g de ris de veau
— 6 œufs
— 300 g de parmesan râpé
— 2 cuillères à soupe de crème fraîche
— 180 g de beurre
— 1 cuillère à soupe d'huile d'olive
— 100 g de jambon cuit
— 1 échalote
— sel, poivre

Préparation

☐ Faire rissoler dans une poêle 5 mn 100 g de jambon coupé en petits bâtonnets avec 80 g de beurre et 1 cuillerée à soupe d'huile : retirer le jambon et le mettre en attente.

☐ Faire revenir 3 à 4 mn dans la même poêle et le même gras : l'échalote finement ciselée et les champignons de Paris coupés en fines lamelles, retirer et garder avec le jambon.

☐ Faire dorer, toujours dans la même poêle, le ris de veau coupé en petits dés, le retirer et l'ajouter au jambon et aux champignons, saler, poivrer et garder cette préparation au chaud dans une grande sauteuse.

- Faire bouillir dans un grand récipient 6 l d'eau salée, jeter les spaghetti dans l'eau bouillante et cuire 12 mn environ, bien les égoutter.
- Dans la sauteuse, ajouter au jambon aux ris et aux champignons : 6 œufs entiers battus en omelette, la crème fraîche, 80 g de parmesan, saler, y verser les spaghetti, bien mélanger l'ensemble.

Servir très chaud avec le reste du parmesan râpé à part.

```
« AU CHATEAUBRIAND »
    23, rue Chabrol
    75010 PARIS
  Tél. (1) 824 58 94
```

C'est réalement bon ces spaghetti,
C'est oune véritable « réal ».

TAGLIATELLE A LA MICHELANGELO

Le chef : Charles Monteverdi

Ingrédients

- *500 g de tagliatelle fraîches*
- *1 escalope de veau coupée en fines lamelles*
- *2 tranches de jambon blanc coupées en lamelles*
- *4 tomates pelées, émincées*
- *1 cuillère à soupe d'huile d'olive*
- *1 oignon*
- *beurre*
- *basilic*
- *1 verre de vin blanc*
- *sel, poivre*

Préparation

☐ Faire revenir 3 à 4 mn dans une poêle et dans une noix de beurre, l'oignon émincé et le veau coupé en lamelles.

☐ Faire cuire les tomates avec le basilic haché dans une cuillère à soupe d'huile d'olive 10 à 12 mn, saler et poivrer.

☐ Mélanger dans la poêle le veau, les tomates, le jambon, le vin blanc et laisser mijoter 5 mn.

☐ Faire cuire les tagliatelle dans beaucoup d'eau bouillante salée (5 mn pour les pâtes fraîches, 15 mn pour les pâtes en sachet).

☐ Egoutter les tagliatelle, les verser dans la poêle avec la sauce, mélanger, laisser sur le feu 2 mn.

Servir aussitôt.

Tu as vu Montéverdi ?
Non j'ai vu Monaco (pardon Monte-Carlo).

« PIZZA DEL PAPA »
233 bis Faubourg St-Honoré
75008 PARIS
Tél. (1) 763 30 98

CERVELLE DE CANUT

Le chef : Paul Bocuse

Recette extraite du livre
« La Cuisine du Marché »
(Editions Flammarion).

Ingrédients

— 2 fromages blancs frais
— 2 cuillères à soupe de crème fraîche
— 2 cuillères à soupe d'huile d'olive
— 1/2 cuillère à soupe de vinaigre de vin
— ciboulette, persil, estragon, cerfeuil
— 1 gousse d'ail haché
— 1 échalote hachée
— 1 petite baguette de pain
— sel, poivre

Préparation

☐ Eplucher l'ail, l'échalote, hacher pas trop fin et réserver sur une soucoupe.
☐ Laver les herbes en ôtant les grosses queues, les hacher pas trop fin.
☐ Mettre le fromage dans un saladier, ajouter la crème fraîche, remuer au fouet, ajouter l'huile, le sel, le poivre noir moulu, l'ail, l'échalote, les herbes, le vinaigre de vin, remuer.
☐ Mettre au réfrigérateur 2 h.

Servir et manger avec la fine baguette de pain préalablement grillée.

La cervelle de canut il fallait y penser !
Signé : le fromage de tête.

```
« PAUL BOCUSE »
Pont de COLLONGES
69660 COLLONGES au MONT
         d'OR
   Tél. (7) 822 01 40
```

CRÊPES AU FROMAGE BLANC

Le chef : Yvan Simunic

Ingrédients

— 8 crêpes fines (crêpes salées)
— 1 fromage blanc maigre
— 2 œufs
— 1/2 cuillère à café de paprika en poudre
— 200 g de jambon blanc
— 25 cl de crème fraîche
— 50 g de gruyère râpé
— sel, poivre du moulin

Préparation

Possibilité de faire les crêpes la veille.

☐ Faire une pâte à crêpe normale, mais salée.
☐ Mélanger le fromage bien égoutté avec les 2 œufs entiers, le paprika, saler et poivrer.
☐ Etaler les 8 crêpes sur une table, sur chacune déposer le fromage blanc et au centre le jambon blanc coupé en petits dés.

☐ Rouler les crêpes et les poser dans un plat à gratin préalablement beurré. Napper le tout avec la crème fraîche et parsemer de gruyère râpé. Faire gratiner au four 10 à 15 mn (four moyen).

Servir aussitôt.

*Cette recette nous vient de Pologne
Et son vrai nom est : Nalesnikis Twarog.*

« LES VANNES
ET SA RESIDENCE »
6, rue Porte Haute
54460 LIVERDUN
Tél. (83) 49 46 01

PETIT CHÈVRE CHAUD EN SALADE

Le chef : Linda Porrasse

Ingrédients

— 2 fromages de chèvre longs et cendrés de Verneuil-sur-Indre
— 1 œuf
— 1 salade frisée
— 4 tranches de pain de mie
— huile et vinaigre
— chapelure blanche (obtenue avec de la mie de pain)
— sel, poivre

Préparation

☐ Oter la croûte dorée du pain de mie, couper en petits dés chaque tranche et les faire dorer dans une poêle avec un peu d'huile.

☐ Passer du pain de mie à la moulinette pour obtenir de la chapelure blanche.

☐ Préparer la salade frisée et l'assaisonner avec l'huile et le vinaigre.

☐ Oter le cendré autour des fromages, les couper en 6 rondelles de 1 cm d'épaisseur, tremper ces rondelles dans l'œuf battu, les passer dans la chapelure pour les paner et les mettre dans une poêle très chaude avec un peu d'huile, faire dorer 1 mn de chaque côté.

☐ Poser les fromages dorés sur la salade frisée et accompagner avec les petits croûtons dorés.

Servir aussitôt.

Bééé... la bééèle recette.

« LE SARATOGA »
1, avenue du Général de Gaulle
14800 DEAUVILLE
Tél. (31) 88 24 33

GÂTEAU DE SEMOULE LÉGÈREMENT SOUFFLÉ

Le chef : Michel Comby

Ingrédients

- 1 l de lait
- 70 g de semoule
- 50 g de beurre
- 50 g de sucre semoule
- 3 œufs
- 1 gousse de vanille

Préparation

☐ Faire bouillir le lait avec une gousse de vanille.
☐ Ajouter les 70 g de semoule et laisser bouillir 3 à 4 mn ; on obtient ainsi un liquide un peu épais.
☐ Ajouter 50 g de beurre et le sucre semoule, bien mélanger.
☐ Incorporer 3 jaunes d'œufs et les blancs montés en neige et mélanger bien le tout.

Mettre la préparation dans un moule à soufflé préalablement beurré.
☐ Mettre à four assez chaud, (thermostat 6/7, 200°) au bain-marie. Laisser cuire 20 mn.

Pour servir, ajouter, si l'on veut, du caramel.

En voyant cette recette je fus tellement soufflé
Que j'ai, hélas pour moi, dans la s'moule pédalé.

« LUCAS CARTON »
9, Place de la Madeleine
75008 PARIS
Tél. (1) 265 22 90

TARTE AUX PRALINES

Le chef : Alain Chapel

Ingrédients

Pour la pâte brisée :
— 100 g de farine
— 50 g de beurre
— 1 verre 1/2 d'eau
— sel
Pour la garniture :
— 100 g de pralines roses
— 2 cuillères à soupe de crème fraîche

Préparation

☐ Préparer une pâte brisée en mélangeant intimement la farine, le beurre, l'eau, ajouter une pincée de sel.
☐ Etaler la pâte brisée, la mettre dans un moule à fond amovible, faire cuire au four 10 mn environ, la pâte doit blanchir, (thermostat 6, 180°).
☐ Retirer du four et mettre sur la pâte le mélange de crème fraîche et de pralines roses grossièrement écrasées.
☐ Remettre au four et terminer la cuisson pendant 1/4 d'h.

Servir froid.

« ALAIN CHAPEL »
01390 MIONNAY
Tél. (7) 891 82 02

Il vaut mieux déguster cette tarte aux pralines
Que de prendre sur le nez des pralines et des tartes.

175

CRÊPE CHATARD DE SUISSE NORMANDE

Le chef : Jean Mouge

Ingrédients

Pour les crêpes :
— 125 g de farine
— 2 verres de lait
— 50 g de beurre fondu
— 1 cuillère à soupe de crème fraîche
— 1 zeste de citron râpé sur morceau de sucre
— 2 œufs
— Huile, sel

Pour la garniture :
— 2 pommes de reinette
— 50 g de sucre semoule
— 1 cuillère à soupe de calva
— 1/4 de jus de citron
— 25 cl de crème fraîche
— sucre glace

Préparation

☐ Préparer la pâte à crêpe en mélangeant dans un saladier les œufs, la crème fraîche, le zeste de citron, 1 verre de lait. Tourner et incorporer doucement la farine, puis le beurre fondu, finir de tourner en ajoutant le reste du lait. La pâte doit être lisse. Laisser reposer.

☐ Eplucher et épépiner les pommes, les couper en petits dés de 2 mm, mettre les pommes à mariner 30 mn dans le calva et 50 g de sucre.

☐ Incorporer cette préparation dans la pâte à crêpe.

☐ Faire cuire les crêpes dans une poêle huilée pas trop chaude.

Servir chaud et présenter à part de la crème fraîche, du sucre glace et du calva pour napper les crêpes à sa convenance.

« RELAIS DE LA POSTE »
14220 THURY HARCOURT
Tél. (31) 79 72 12

Mouge ton nez et dis bonjour à la crêpe.

GÂTEAU BLANC

Le chef : Henri Seguin

Ingrédients

- 8 œufs
- 1 noix de coco fraîche
- 1 l de lait
- 400 g de sucre en poudre
- 1 kg de fraise
- 1 gousse de vanille
- 1 l de glace à la noix de coco
- 1 filet de jus de citron
- 1 filet de jus d'orange

Préparation

☐ Séparer le blanc des jaunes des 8 œufs.
☐ Monter les blancs en neige très ferme, les mélanger avec 200 g de sucre.
☐ Faire bouillir le lait avec la vanille.
☐ Incorporer les trois quarts du blanc de la noix de coco râpée.
☐ Faire pocher les blancs en neige en portion de la taille d'une louche pendant 3 à 4 mn en les retournant une fois. Les égoutter sur un torchon et les mettre au réfrigérateur.

☐ Faire une crème anglaise : passer le lait au chinois, mélanger dans une casserole les 8 jaunes d'œufs et les 200 g de sucre restant, incorporer le lait très doucement, sur feu doux *sans laisser bouillir* et en tournant sans arrêt avec une cuillère de bois.
☐ La crème doit napper la cuillère lorsqu'elle est prête.
☐ Retirer du feu, passer au chinois, goûter et sucrer si nécessaire. Mettre à refroidir.

☐ Faire un coulis de fraises avec 400 g de fruits, 1 filet de jus de citron, 1 filet de jus d'orange, 1 cuillère à soupe de sucre en poudre. Passer le tout au mixer et filtrer au chinois.

☐ Dresser le gâteau comme un champignon : verser dans le fond d'un plat un peu de crème anglaise, y poser un blanc d'œuf coupé en 2 et sur celui-ci la glace à la noix de coco, mettre le reste du blanc d'œuf au-dessus pour former le chapeau du champignon.
☐ Décorer le socle avec le reste des fraises coupées en rondelles fines, arroser le gâteau avec le coulis de fraises et le reste de la noix de coco râpée.

Servir très frais.

« LE PRESSOIR »
257 avenue Daumesnil
75012 PARIS
Tél. (1) 344 38 21

Ce gâteau c'est vraiment la « sève de Monsieur Seguin ».

GÂTEAU DE PRUNEAUX A LA VIEILLE PRUNE

Le chef : Christian Vergés

Ingrédients

- 500 g de pruneaux d'Agen
- 3 œufs
- 3 cuillères à soupe de sucre
- 300 g de crème fraîche
- 3 feuilles de gélatine
- 15 cl de vieille prune de Souillac
- 1 biscuit de Savoie rond

Préparation

☐ Faire un sirop avec le sucre, 3 verres d'eau et 7,5 cl de vieille prune.
☐ Faire pocher dans ce sirop 250 g de pruneaux pendant 10 mn. Les retirer, les dénoyauter et les réserver.
☐ Dans une casserole, sur feu doux, mettre les 3 jaunes d'œufs, 1 cuillère à soupe de sucre, le reste de la vieille prune et 100 g de crème fraîche.
☐ Fouetter jusqu'à épaississement et continuer 2 à 3 mn hors du feu.
☐ Mélanger les feuilles de gélatine (ramollies dans l'eau froide) et réserver.

☐ Passer au mixer les pruneaux restant, dénoyautés.
☐ Ajouter cette purée de pruneaux à la préparation précédente.
☐ Incorporer le reste de la crème fraîche fouettée et les 3 blancs d'œufs montés en neige.
☐ Couper le biscuit de Savoie en 3 abaisses de 1 cm d'épaisseur.

☐ Mettre dans un moule à soufflé 1 abaisse de biscuit, imbiber le gâteau avec le sirop, mettre une couche de 2 à 3 cm d'épaisseur de la préparation, poser la seconde abaisse de biscuit, l'imbiber de sirop, mettre le reste de la préparation, poser la dernière abaisse, l'imbiber de sirop.
☐ Mettre le gâteau au froid 1 h.

Servir en mettant à part les pruneaux cuits, grossièrement concassés et mélangés au sirop restant et en napper le gâteau.

« LE PETIT PRE »
1, rue de Bellevue
75019 PARIS
Tél. (1) 208 92 62

Mieux vaut être gâteau des vieilles prunes
Que gâteux des jeunes blondes !

LEXIQUE

Abaisse : pâte étendue ou coupée à une épaisseur déterminée.

Ajouter à hauteur : verser un liquide dans une préparation pour juste la couvrir.

Blanchir : mettre les aliments à l'eau froide, faire bouillir quelques minutes et refroidir.

Blondir : faire revenir doucement jusqu'à coloration blonde.

Bouquet garni : petit fagot d'herbes aromatiques en général : thym, laurier, persil.

Chinois : passoire à mailles très fines.

Ciseler : couper en fines lamelles à l'aide de ciseaux.

Coulis : sauce crue de fruits ou de légumes passés au mixer.

Déglacer : mouiller un fond de plat pour détacher les sucs de cuisson.

Dégorger : mettre dans une eau (salée ou vinaigrée) pour nettoyer l'aliment (exemple : tête de veau).

Dérober : enlever la peau extérieure d'un fruit ou d'un légume.

Détendre : rendre plus liquide une sauce trop compacte.

Donner un bouillon : chauffer à ébullition et retirer du feu ou baisser la source de chaleur.

Dresser : Arranger harmonieusement la préparation dans un plat ou assiette de service.

Emincer : couper en fines lamelles.

Etuver : cuire à l'étouffée.

Faire fondre : cuire jusqu'à obtention d'une compote.

Faire frémir : cuire à petit bouillon.

Faire revenir : saisir rapidement à feu vif.

Faire suer : faire évaporer l'eau des aliments.

Gratiner : passer un plat fini au four allumé, position grill, pour laisser former une croûte au-dessus du plat.

Julienne : couper les légumes en petits bâtonnets.

Lever les filets : retirer les filets des poissons sans laisser d'arêtes.

Mouiller : ajouter un liquide dans une préparation

Napper : recouvrir la préparation de la sauce qui doit l'accompagner.

Papillotes : envelopper une préparation dans une feuille d'aluminium ou de papier sulfurisé et fermer hermétiquement.

Pocher : plonger quelques instants un aliment dans un liquide chaud mais non en ébullition.

Réduire : faire évaporer un liquide pour concentrer une cuisson.

Rectifier l'assaisonnement : goûter un plat et ajouter sel et poivre à convenance.

Réserver : garder une préparation hors du feu au chaud.

Tomates concassées : couper la chair des tomates en petits dés, une fois pelées et épépinées, faire juste revenir à l'huile dans une poêle, assaisonner avec un peu d'échalotes, ne pas cuire et servir tiède.

INDEX DES RESTAURANTS

LES ANGES, François Benoist, 75007 Paris	144
L'AQUITAINE, Christian Massia, 75015 Paris	128
L'ARC-EN-CIEL, Hôtel Frantel, Jean Fleury, 69003 Lyon	31
L'ARCHESTRATE, Alain Senderens, 75007 Paris	84, 132
LES ARMES DE BRETAGNE, Roland Boyer, 75014 Paris	98
LE BARBIN, Jacky Galluci, 05240 Serre Chevalier	32
LE BEAUJOLAIS D'AUTEUIL, Marie Nael, 75016 Paris	137
BEAUVILLIERS, Edouard Carlier, 75018 Paris	164
LA BELLE ÉPOQUE, Michel Peignaud, 78530 Châteaufort	24, 82
LE BERNARDIN, Gilbert Le Coze, 75017 Paris	78
GÉRARD BESSON, 75001 Paris	50
LE BISTROT DE PARIS, Michel Oliver, 75007 Paris	17
PAUL BOCUSE, 69660 Collonges au Mont d'Or	171
LA BONNE TABLE, Gisèle Berger, 92110 Clichy	104
GÉRARD BOYER, 51100 Reims	142
LA BUCHERIE, Bernard Bosque, 75005 Paris	114
LE CAFÉ DE PARIS, Pierre Laporte, 64200 Biarritz	79
JACQUES CAGNA, 75006 Paris	134
LE CAMELIA, Jean Delaveyne, 78380 Bougival	16
LES CÉLÉBRITÉS, Hôtel Nikko, Joël Robuchon, 75015 Paris	33
AUBERGE DU CEP, Gérard Cortembert, 69820 Fleurie-en-Beaujolais	122
MICHEL CHABRAN, 26600 Pont de l'Isère	120
LE CHANTECLER, Jacques Maximin, 06000 Nice	116
ALAIN CHAPEL, 01390 Mionnay	175
LE CHAPON FIN, Jean Ramet, 33000 Bordeaux	146
AU CHATEAUBRIAND, Jean Forno, 75010 Paris	96, 168
LE CHIBERTA, Jean-Michel Bedier, 75008 Paris	28
LE CLOS DOMBASLE, Joël Leduc, 75015 Paris	64
AUBERGE DE LA COGNETTE, Alain Nonnet, 36100 Issoudun	76
COMME CHEZ SOI, Pierre Wynans, Bruxelles, Belgique	72
LE COMTE DE GASCOGNE, Gérard Verane, 92100 Boulogne	150
LA COQUILLE, Paul Blache, 75017 Paris	54
LE CORVETTO, Alain Roussingue, 75008 Paris	161
LA COTE D'OR, Bernard Loiseau, 21120 Saulieu	45
LA COTE ST-JACQUES, Michel Lorain, 89300 Joigny	58
JOSEPH DELPHIN, 44470 Carquefou	100
LA DILIGENCE, Robert Favre, 74160 St-Julien-en-Genevois	152
LE DODIN BOUFFANT, Jacques Manière, 75005 Paris	151
LE DODIN GOURMAND, Alain Ruelle, 95610 Eragny	121
LE DUC D'ENGHIEN, Alain Passart, 95880 Enghien-les-Bains	112
L'ENCLOS MONGRANIER, Richard Assimon, 30250 Junas/Sommières	40
L'ERMITAGE DE CORTON, André Parra, 21200 Beaune	60, 136
LE FIN GODET, Alain Grisart, 74400 Chamonix	68
FLAVIO, Guy Delmotte, 62520 Le Touquet	52
HÔTEL DE FRANCE, André Daguin, 32000 Auch	138
LE GALANT VERRE, Pascal Daguet, 75007 Paris	154
HÔTEL DE LA GARE, Jean-Pierre Billoux, 71160 Digoin	102
FREDDY GIRARDET, Grissier (Suisse)	88
LE GRAND VEFOUR, Raymond Oliver, 75001 Paris	22
L'ILE DE FRANCE, Bruno Fava, 75016 Paris	97
AUBERGE DE L'ILL, Paul et Marc Haeberlin, Illhaeusern, 68150 Ribeauvillé	18

JAMIN, Michel Renvier, 75016 Paris	126
LE JARDIN D'EDGAR, Alain Velasco, 75008 Paris	38
JOSEPHINE, Jean Dumonet, 75006 Paris	123
JULIUS, Julien Foret, 92230 Gennevilliers	70
JACQUES LAMELOISE, 71150 Chagny	148
LE LANA, Georges Ferier, 73120 Courchevel	36
LASSERE, Marc Daniel, 75008 Paris	14
LÉON DE LYON, Jean-Paul Lacombe, 69001 Lyon	140, 160
LE LION D'OR, Michel Kerever, 35340 Liffre	71
LORD GOURMAND, Daniel Metery, 75008 Paris	118
LOU LANDES, Jean-Pierre Descat, 75014 Paris	156
LUCAS CARTON, Michel Comby, 75008 Paris	174
LE MARCANDE, Jean-Claude Ferrero, 75008 Paris	92
LA MÈRE BLANC, Georges Blanc, 01540 Vonnas	20
LA MÈRE BRAZIER, René Laveille, 69001 Lyon	163
LE MONDE DES CHIMÈRES, Christian Schuliar, 75004 Paris	66
JEAN-PiERRE MOROT GAUDRY, 75015 Paris	26
LE NAPOLEON CHAIX, Chez André Pousse, Gérard Magnan, 75015 Paris	34
L'OASIS, Louis Outhier, 06210 Mandelieu La Napoule	91
LE PACHA YACHTMAN, Jacques Le Divellec, 17000 La Rochelle	44
LE PACTOLE, Roland Magne, 75006 Paris	55
GÉRARD PANGAUD, 92100 Boulogne Billancourt	80
PAUL ET FRANCE, Georges Romano, 75017 Paris	56
AUBERGE DU PÈRE BISE, François Bise, 74290 Talloires	108
LE PETIT COIN DE LA BOURSE, Guy Girard, 75001 Paris	130
LE PETIT COLOMBIER, Bernard Fournier, 75017 Paris	124
LE PETIT PRÉ, Christian Vergès, 75019 Paris	180
JACQUES PIC, 26000 Valence	162
PIZZA DEL PAPA, Charles Monteverdi, 75008 Paris	170
LE POUILLY REUILLY, Jean Thibault, 93310 Pré St-Gervais	15
LES PRES D'EUGENIE, Michel Guerard, 40320 Eugénie-les-Bains	65
LE PRESSOIR, Henri Seguin, 75012 Paris	178
RELAIS DE LA POSTE, Jean Mouge, 14220 Thury Harcourt	176
LA RENAISSANCE, Jean-Claude Dray, 58470 Magny-Cours	99
MICHEL ROSTANG, 75017 Paris	61
LE SAINT-JAMES, Jean-Marie Amat, 33270 Bouliac	90
AUBERGE SAINT-WALFRIED, Jean-Claude Schneider, 57200 Sarreguemines	157
LE SARATOGA, Linda Porrasse, 14800 Deauville	173
GUY SAVOY, 75016 Paris	74
CHEZ SERGE, Michèle Cancé, 93400 St-Ouen	30
LE SULLY D'AUTEUIL, Michel Brunetière, 75016 Paris	158
TAILLEVENT, Claude Deligne, 75008 Paris	106
TAN DINH, Robert Vifian, 75007 Paris	12
LA TOUR ROSE, Philippe Chavent, 69005 Lyon	93
HÔTELLERIE DES FRÈRES TROISGROS, 42300 Roanne	19, 129
LES TROIS MARCHES, Gérard Vie, 78000 Versailles	23
LE TROU GASCON, Alain Dutournier, 75012 Paris	48, 86
LES VANNES ET SA RESIDENCE, Yvan Simunic, 54460 Liverdun	172
PIERRE VEDEL, 75015 Paris	94
LA VIEILLE FONTAINE, François Clerc, 78600 Maisons Laffitte	46

INDEX DES CHEFS

Jean-Marie Amat, LE SAINT-JAMES, 33270 Bouliac 90
Richard Assimon, L'ENCLOS MONGRANIER, 30250 Junas/Sommières .. 40
Jean-Michel Bedier, LE CHIBERTA, 75008 Paris 28
François Benoist, LES ANGES, 75007 Paris 144
Gisèle Berger, LA BONNE TABLE, 92110 Clichy 104
Gérard Besson, 75001 Paris 50
Paul Blache, LA COQUILLE, 75017 Paris 54
Georges Blanc, LA MÈRE BLANC, 01540 Vonnas 20
Jean-Pierre Billoux, HÔTEL DE LA GARE, 71160 Digoin 102
François Bise, AUBERGE DU PÈRE BISE, 74290 Talloires 108
Paul Bocuse, 69660 Collonges au Mont d'Or 171
Bernard Bosque, LA BUCHERIE, 75005 Paris 114
Gérard Boyer, BOYER, 51100 Reims 142
Roland Boyer, LES ARMES DE BRETAGNE, 75014 Paris 98
Michel Brunetière, SULLY D'AUTEUIL, 75016 Paris 158
Jacques Cagna, 75006 Paris 134
Michèle Cancé, CHEZ SERGE, 93400 Saint-Ouen 30
Edouard Carlier, BEAUVILLIERS, 75018 Paris 164
Michel Chabran, 26600 Pont de l'Isère 120
Alain Chapel, 01390 Mionnay 175
Philippe Chavent, LA TOUR ROSE, 69005 Lyon 93
François Clerc, LA VIEILLE FONTAINE, 78600 Maisons Laffitte ... 46
Michel Comby, LUCAS CARTON, 75008 Paris 174
Gérard Cortembert, AUBERGE DU CEP, 69820 Fleurie-en-Beaujolais 122
Pascal Daguet, LE GALANT VERRE, 75007 Paris 154
André Daguin, HÔTEL DE FRANCE, 32000 Auch 138
Marc Daniel, LASSERE, 75008 Paris 14
Jean Delaveyne, LE CAMELIA, 78380 Bougival 16
Claude Deligne, TAILLEVENT, 75008 Paris 106
Guy Delmotte, FLAVIO, 62520 Le Touquet 52
Joseph Delphin, DELPHIN, 44470 Carquefou 100
Jean-Pierre Descat, LOU LANDES, 75014 Paris 156
Jean-Claude Dray, LA RENAISSANCE, 58470 Magny-Cours 99
Jean Dumonet, JOSEPHINE, 75006 Paris 123
Alain Dutournier, LE TROU GASCON, 75012 Paris 48, 86
Bruno Fava, ILE DE FRANCE, 75016 Paris 87
Robert Favre, LA DILIGENCE, 74160 St-Julien-en-Genevois 152
Georges Ferier, LE LANA, 73120 Courchevel 36
Jean-Claude Ferrero, LE MARCANDE, 75008 Paris 92
Jean Fleury, HÔTEL FRANTEL, L'ARC-EN-CIEL, 69003 Lyon 31
Julien Foret, JULIUS, 92230 Gennevilliers 70
Jean Forno, AU CHATEAUBRIAND, 75010 Paris 96, 168
Bernard Fournier, LE PETIT COLOMBIER, 75017 Paris 124
Jacky Galluci, LE BARBIN, 05240 Serre Chevalier 32
Guy Girard, LE PETIT COIN DE LA BOURSE, 75001 Paris 130
Freddy Girardet, RESTAURANT GIRARDET, Crissier Suisse 88
Alain Grisart, LE FIN GODET, 74400 Chamonix 68
Michel Guerard, LES PRES D'EUGENIE, 40320 Eugénie-les-Bains 65
Paul et Marc Haeberlin, AUBERGE DE L'ILL, Illhaeusern, 68150 Ribeauvillé 18
Michel Kerever, LE LION D'OR, 35340 Liffre 71
Jean-Paul Lacombe, LEON DE LYON, 69001 Lyon 140, 160
Jacques Lameloise, LAMELOISE, 71150 Chagny 148

186

Pierre Laporte, LE CAFÉ DE PARIS, 64200 Biarritz	79
René Laveille, LA MÈRE BRAZIER, 69001 Lyon	163
Gilbert Le Coze, LE BERNARDIN, 75017 Paris	78
Jacques Le Divellec, LE PACHA YACHTMAN, 17000 La Rochelle	44
Joël Leduc, LE CLOS DOMBASLE, 75015 Paris	64
Bernard Loiseau, LA COTE D'OR, 21210 Saulieu	45
Michel Lorain, LA COTE ST-JACQUES, 89300 Joigny	58
Gérard Magnan, LE NAPOLEON CHAIX, 75015 Paris	34
Roland Magne, LE PACTOLE, 75006 Paris	55
Jacques Manière, DODIN BOUFFANT, 75005 Paris	151
Christiane Massia, L'AQUITAINE, 75015 Paris	128
Jacques Maximin, LE CHANTECLER, 06000 Nice	116
Daniel Metery, LORD GOURMAND, 75008 Paris	118
Charles Monteverdi, PIZZA DEL PAPA, 75008 Paris	170
Jean-Pierre Morot Gaudry, 75015 Paris	26
Jean Mouge, RELAIS DE LA POSTE, 14220 Thury Harcourt	176
Marie Nael, LE BEAUJOLAIS D'AUTEUIL, 75016 Paris	137
Alain Nonnet, AUBERGE DE LA COGNETTE, 36100 Issoudun	76
Michel Oliver, BISTROT DE PARIS, 75007 Paris	17
Raymond Oliver, GRAND VEFOUR, 75001 Paris	22
Louis Outhier, L'OASIS, 06210 Mandelieu la Napoule	91
Gérard Pangaud, 92100 Boulogne-Billancourt	80
André Parra, ERMITAGE DE CORTON, 21200 Beaune	60, 136
Alain Passart, LE DUC D'ENGHIEN, 95880 Enghien-les-Bains	112
Michel Peignaud, LA BELLE EPOQUE, 78530 Châteaufort	24, 82
Jacques Pic, PIC, 26000 Valence	162
Linda Porrasse, LE SARATOGA, 14800 Deauville	173
Jean Ramet, LE CHAPON FIN, 33000 Bordeaux	146
Michel Renvier, JAMIN, 75016 Paris	126
Joël Robuchon, LES CÉLÉBRITÉS, Hôtel Nikko, 75015 Paris	33
Georges Romano, PAUL ET FRANCE, 75017 Paris	56
Michel Rostang, 75017 Paris	61
Alain Roussingue, LE CORVETTO, 75008 Paris	161
Alain Ruelle, LE DODIN GOURMAND, 95610 Eragny	121
Guy Savoy, 75016 Paris	74
Jean-Claude Schneider, AUBERGE ST-WALFRIED, 57200 Sarreguemines	157
Christian Schuliar, LE MONDE DES CHIMÈRES, 75004 Paris	66
Henri Seguin, LE PRESSOIR, 75012 Paris	178
Alain Senderens, L'ARCHESTRATE, 75007 Paris	84, 132
Yvan Simunic, LES VANNES ET SA RÉSIDENCE, 54460 Liverdun	172
Jean Thibault, LE POUILLY REUILLY, 93310 Pré St-Gervais	15
Jean et Pierre Troisgros, HÔTELLERIE DES FRÈRES TROISGROS, 42300 Roanne	19, 129
Pierre Vedel, 75015 Paris	94
Alain Velasco, LE JARDIN D'EDGAR, 75008 Paris	38
Gérard Verane, LE COMTE DE GASCOGNE, 92100 Boulogne-Billancourt	150
Christian Vergès, LE PETIT PRÉ, 75019 Paris	180
Gérard Vie, LES TROIS MARCHES, 78000 Versailles	23
Robert Vifian, TAN DINH, 75007 Paris	12
Pierre Wynans, COMME CHEZ SOI, Bruxelles Belgique	72

POSTFACE

L'imagerie populaire se trompe souvent. Ainsi appelle-t-elle « hommes en blanc » les médecins, les chercheurs, les chirurgiens. Les vrais « hommes en blanc » pour moi, ce sont les cuisiniers. Au sens le plus complet des mots. Avec grandeur et générosité. Grandeur des artistes véritables, car la cuisine est un art et les disciples d'Hippocrate le savent bien. Générosité, car l'acte de cuisiner pour le bonheur de son prochain en est totalement empreint.

Grâce à ce livre, la générosité des cuisines va encore plus loin aujourd'hui. Motivés par Stéphane Collaro qui sait que l'humour est parfois un aussi puissant remède que nos médecines, 101 chefs donnent en effet aujourd'hui leur savoir, leur enthousiasme et leurs secrets à la recherche sur le cancer.

Tous les droits de ce recueil de « recettes en toque », que le lecteur a pu noter au fil des jours sur les ondes d'Europe n° 1, recettes rassemblées ici par notre ami Stéphane, ont été volontairement abandonnés au profit de la recherche sur le cancer.

Que tous ceux qui ont permis la réalisation de ce livre, Stéphane Collaro bien sûr, Édition n° 1 et tous les grands solistes de l'art culinaire réunis en ces pages, en soient simplement, mais chaleureusement remerciés. Et vous aussi, lecteur, puisque en achetant ce livre, vous êtes devenu, juste avant les chercheurs eux-mêmes, l'avant-dernier mais essentiel maillon de cette belle chaîne de solidarité.

Jacques Crozemarie

*Président de l'Association
pour le Développement
de la Recherche sur le Cancer*

Photo de couverture
Roland de Vassal

Ont collaboré à cet ouvrage
Ania Ciechanowski, Anne-Marie Gomez, Nicole Judet.

Réalisation
PHILIPPINE PRODUCTIONS

Maury-Imprimeur S.A. - Malesherbes
Dépôt légal n° 3620 - 3e trimestre 1981
49-03-0080-01
ISBN 2-86391-038-8

49-0080-9